El verano de Cándida

Maite Carranza

El verano de Cándida

Edición abreviada por la autora

Ernst Klett Sprachen
Stuttgart

Maite Carranza

El verano de Cándida

1. Auflage 1 [5 4 3 2 1] | 20223 22 21 20 19

Internetadresse: www.klett-sprachen.de

Redaktion: Marcelo Rodríguez
Layoutkonzeption: Elmar Feuerbach
Gestaltung und Satz: Satzkasten, Stuttgart
Umschlaggestaltung: Andreas Drabarek
Titelbild: Shutterstock (Tirachard Kumtanom), New York
Bild S. 92: © Júlia Prats
Druck und Bindung: Medienhaus Plump, Rheinbreitbach

Printed in Germany

ISBN 978-3-12-535717-4

9 783125 357174

Índice

Prólogo

Acaba de comenzar el verano y Cándida no tiene aún planes para estos tres largos y calurosos meses. Las vacaciones de verano en España son extensas, a menudo el calor en el mes de junio ya es agobiante. A Cándida le gusta improvisar y siente que será un verano lleno de emoción y aventuras. Pero lo que aún no sabe: sus padres ya han decidido por ella y la enviarán a pasar sus vacaciones a la casa de su abuela en un pueblo de La Rioja. Como si esto no fuera castigo suficiente, la acompañarán sus dos hermanos menores Gustavo y Alicia. Sus amigas la compadecen y este castigo será motivo de burla por un buen rato.

La serie *Literatura Juvenil fácil* ofrece títulos de exitosos autores y autoras del mundo hispanohablante en versiones acortadas y/o simplificadas, modificaciones hechas ya sea por los mismos autores, lo que garantiza la fidelidad al estilo del creador, quien conoce su propia obra como la palma de su mano, o bien por experimentados docentes de Español como Lengua Extranjera (ELE) en escuelas secundarias (*Gymnasium, Gesamtschule*) de toda Alemania. Las guías didácticas que acompañan a cada uno de los títulos de esta serie aseguran un enriquecedor trabajo en clase e incluyen actividades que motivan a alumnos y alumnas a investigar, debatir, hablar, aprender vocabulario nuevo y, sobre todo, a avanzar por sí mismos en la lectura, disfrutando conscientemente del placer de leer en lengua extranjera.

A veces las apariencias engañan y en ocasiones lo que promete diversión puede decepcionarnos y viceversa. ¿Qué esconde el pueblo donde vive la abuela de Cándida? ¿Quiénes son sus habitantes? ¿Seguirá siendo Cándida el centro de las bromas en el grupo de wasap? ¿Cómo se las ingeniará la protagonista para no morir de aburrimiento? ¿Y si alguien más la esperara en el pueblo?

El verano de Cándida es una original y divertida novela juvenil de la popular escritora catalana Maite Carranza, autora de la trilogía fantástica *La guerra de las brujas*, de gran éxito tanto en su país como en Alemania. De ágil lectura, la trama desborda de animados episodios que contagian la euforia estival que todo adolescente vive cuando el tedio y la rutina escolares parecen solo el mal recuerdo de una vida pasada y ajena. Aventuras, giros inesperados y un fresco y a veces descarado lenguaje juvenil le imprimen al texto una autenticidad a menudo ausente en los manuales de ELE.

¡Les deseamos una amena lectura a profes y alumnos/as!

La redacción

1 ¡Calla, Cándida, calla!

Cándida había comenzado el verano y no tenía ni idea de cuáles eran sus planes. Era una imprevisora.

Sin embargo, los padres de Cándida, que quizá estaban hechos de otra pasta, eran tan previsores que lo habían previsto todo.

Y, sin previo aviso, dejaron caer la bomba.

—Hemos decidido que mañana iréis a casa de la abuela, al pueblo, a pasar unas semanas de vacaciones.

—¿Quién? —preguntó Cándida con la voz rota por el miedo.

—Pues tú, Gustavo y Alicia.

Cándida, que segundos antes flotaba en una nube de colores, quedó aturdida por el impacto de la noticia. La alegría de Alicia ahogó su grito.

—¡Qué bien! ¡¡¡Cómo mola!!!

Alicia tenía nueve años, dos coletas, la cabeza llena de pájaros y la habitación llena de insectos disecados. Una pequeña sádica a los ojos de Cándida. Una niña simpática en opinión de los mayores. Cándida la habría estrangulado con sus propias manos pero Gustavo abrió la boca e interrumpió sus planes.

—¿La abuela tiene internet?

—Le acaban de poner fibra óptica.

Gustavo abrió unos ojos como platos y sonrió.

Gustavo era un friki de trece años con gafas, tenía un perro que no le hacía caso y leía a escondidas por las noches. Por unos segundos, Cándida dudó entre estrangular primero a su hermano Gustavo o a su hermana Alicia. ¿Quién era más odioso? Optó, sin embargo, por atacar al enemigo de cara.

—¡Yo no voy! —dijo con mucha firmeza. La guerra había comenzado.

—Claro que irás. Ya lo hemos decidido.

Se encendió.

—¿Qué quiere decir que lo habéis decidido? ¿Acaso yo no cuento? Soy una persona y tengo derecho a decidir sobre mi vida. Ya tengo quince años.

—Tienes catorce, pero da lo mismo. Irás igualmente.

4 **de otra pasta** *loc* aus einem anderen Holz – 12 **aturdido** verblüfft, betäubt, bestürzt – 13 **ahogar** ersticken – 16 **disecar** ausstopfen, präparieren – 18 **estrangular** erwürgen – 22 **la fibra óptica** Glasfaser – 25 **hacer caso** a up gehorchen, auf jdn hören – 25 **a escondidas** heimlich

Cándida, a la desesperada, intentó atacar por el lado de su conciencia democrática.

—¡Sois unos dictadores! En las democracias se pregunta a la gente qué quiere hacer.

— No nos montes el numerito ahora. Vas a un pueblo de la Rioja y basta.

—Un pueblo perdido, plagado de mosquitos, de moscas, de mierda de vaca.

—En la Rioja no hay vacas.

—¡Pues de mierda de burro!

—¡Ya no quedan burros!

—¡De caca de perro! —gritó a la desesperada—. Y de gatos —añadió para dar más dramatismo a la imagen—. Y de gallinas y conejos… y, y… —no se le ocurrían más animales.

En esta ocasión nadie la contradijo así que continuó.

—No habrá nadie, estaré sola, incomunicada, prisionera, aislada del mundo…

—Hay piscina, equipo de baloncesto, torneos y me parece que estos días que estaréis ahí coinciden con las fiestas, os lo pasaréis de fábula —aprovechó para decir su madre.

Pero Cándida fue más rápida.

—No quiero vacaciones. Ya me quedo sola en casa.

Su padre dio la conversación por terminada.

—Es lo que hay. Y si no te gusta, te fastidias. —Y se levantó.

Su madre también se levantó y Cándida se asustó. Estaba clarísimo que daban el tema por cerrado.

—¡Un momento, no podéis largaros y dejarme así! ¡Estamos dialogando!

—Ya está todo dicho.

—¿Cómo que está todo dicho? No os lo he dicho todo porque si me enviáis a casa de la abuela, me suicidaré. Sí, lo haré, porque mi vida será una porquería y nada tendrá sentido y…

—¡¡¡Calla, Cándida, calla!!!

Lo habían dicho al mismo tiempo, con fuerza y convicción. Cándida calló porque sabía cuándo tenía que callar, pero la amenaza ya estaba lanzada.

Pues bien. Ellos lo habían querido. Se suicidaría. Así pasarían el resto de su vida arrepentidos y cada vez que vieran

10 un **burro** Esel – 24 **te fastidias** nun sieh zu, wie du zurechtkommst – 27 **largarse** *coloq* abhauen – 32 una **porquería** Sauerei – 37 una **amenaza** (Be)drohung

un objeto suyo por casa —de eso no les faltaría— recordarían que habían tenido una hija.

—Me quedaré tu cama.

La vocecilla aguda de Alicia la distrajo de sus proyecciones. Alicia, la muy mala, paseaba su mirada sobre todos los objetos codiciados de su hermana mayor.

—Y tu ordenador y tu pañuelo azul y tus medias amarillas y tu armario y la bolsa de deportes y… ¡No me mires así! Solo será cuando te mueras y total, muerta te dará lo mismo. No te vas a enterar…

Alicia tenía toda la razón. Lo más probable era que pasada la pena inicial, su familia lo superaría y pasaría de su recuerdo. Probablemente serían más felices sin ella. ¡Era prescindible!

El wasap de Natalia la distrajo.

Natalia - *Mañana a las 4 en mi casa.*

Le cayó una lágrima. Solo una. Hizo cloc sobre la pantalla del móvil y la empañó toda.

¿Cómo explicaba a Natalia que al día siguiente estaría recluida en un pueblo asqueroso de La Rioja en compañía de una abuela y dos niños?

La noticia sería viral, y ella se convertiría en el hazmerreír de la clase.

Cuca Según, que era su peor amiga y ya tenía la maleta preparada para ir a Dublín, moriría de risa.

Sonia Portillo, que era la amiga que sabía de sexo y que había quedado con su novio vasco a pasar los Sanfermines en Pamplona, le diría *pobrecita*.

Natalia Cortina, que era su mejor amiga y que iba al chalé de la costa con sus hermanas mayores, la compadecería y le enviaría fotos de guiris en bermudas para alegrarle la vista.

¡NOOOOOOO!

No podría soportarlo.

Observó impasible la pantalla empañada y fue leyendo cómo todas sus amigas iban respondiendo con *OK y hasta mañana.*

¿Qué decía? ¿Qué decía?

Puesto que no sabía qué decir, decidió simplemente no decir nada. De esa forma no podrían compadecerse de ella y su triste destino.

GENIAL.

4 **agudo** hoch (Stimme) – 6 **codiciado** begehrt – 13 **prescindible** entbehrlich – 19 **asqueroso** eklig – 21 **un hazmerreír** Witzfigur – 29 **compadecer** bemitleiden – 33 **impasible** empfindungslos, gleichmütig

Desaparecería. Sería una amiga MISSING y su desaparición se convertiría en *trending topic* del verano. ¿Dónde está Cándida? ¿Con quién está Cándida? ¿Qué estará haciendo Cándida?

Misterio.

Los misterios molan, ya que la peña se imagina cosas emocionantes y románticas.

—¿Te suicidas o no? —le soltó Alicia con muy mal gusto.

Cándida, rapidísima, le lanzó un zapato con bastante buena puntería. Luego leyó de soslayo los comentarios de las amigas.

Cuca - ¿Y Cándida?

Sonia - ¿Dónde está Cándida?

Natalia - Está muy calladita.

Pepa - ¿Sabéis algo?

Una media sonrisa de satisfacción se dibujó en la cara de Cándida.

Había acertado de lleno. Su ausencia suscitaba la curiosidad ajena.

Y se durmió con el móvil en la mano.

De buena mañana, encajonada en el coche de su madre, recibió un wasap de Cuca Según.

Cuca - Noticia cutre. ¡Cándida está en el pueblo de su abuela!

Al cabo de unos segundos el WhatsApp echaba humo.

Sonia - ¿En la Rioja?

Natalia - Pobre.

Pepa - No mola.

Cuca - Patético.

Natalia - ¡Cándida! ¡Dinos que no es cierto, plis!

Sonia - Flipo.

Cándida se puso lila y Gustavo, que estaba a su lado, gritó.

—¡Mamá, para! ¡Para el coche! ¡Cándida se está muriendo!

Lo parecía. Le faltaba aire, estaba a punto del colapso.

—¡¡Cándida, reacciona!!

Y reaccionó, por supuesto que reaccionó. Aunque a su manera, claro.

—¿Quién se fue de la lengua y dijo a Cuca Según que me iba a pasar las vacaciones al pueblo de la abuela?

Su madre se quedó tranquila y confesó sin ninguna muestra de arrepentimiento.

—Yo.

6 una **peña** *Esp* Clique – 10 la **puntería** Treffsicherheit – 10 **de soslayo** schräg – 17 **suscitar** wecken, verursachen – 22 **cutre** *Esp coloq* mies, schäbig, *aquí:* uncool – 36 **irse de (la) lengua** *coloq* s. verplappern – 39 el **arrepentimiento** Reue

—¿Cómo has podido hacerme esto?

—Me ha llamado esta mañana muy preocupada por ti. Quería saber si te pasaba algo y dónde estarías hoy. No hay para tanto.

El lila cedió al rojo intenso.

—¿Que no…? ¿Que no…? ¿Que no hay para tanto? ¿Y tú qué sabes si hay para tanto o no? ¡Me has estropeado la vida! ¿Te enteras? ¡Mi vida ya no tiene sentido! ¡No podré salir nunca más a la calle ni podré mirar a nadie más a la cara! Soy la persona más desgraciada del planeta y…

Su madre dijo lo único que podía decir.

—¡Calla, Cándida, calla!

5 **ceder** nachgeben – 7 **estropear** zerstören, kaputtmachen

2 No pasa nada

El pueblo, hacia el mediodía, parecía el desierto de Oklahoma después de una catástrofe nuclear. No vieron ni un gato, ni un perro, ni un niño, ni una bicicleta. De lo más deprimente.

Llamaron al timbre un montón de veces, pero nadie les abrió la puerta.

—Tiene que estar. Esta mañana he hablado con ella y me ha dicho que nos preparaba macarrones —se extrañó su madre.

Alicia, que se ambientaba enseguida, gritó como se hace en los pueblos.

—¡¡¡ABUELAAAAAA!!! ¡¡¡Estamos AQUÍ!!!

Y fue eficaz. La abuela respondió a gritos.

—¡Entrad! ¡La puerta está abierta!

La abuela los recibió risueña secándose las manos en el delantal y los ahogó a besos y a abrazos. Cándida cerró los ojos y se dejó querer. Mientras la abuela la estrujaba se imaginó un plato de macarrones y se le hizo la boca agua. A pesar de su enfado le apetecía sentarse en la mesa del comedor, a la sombra, y hartarse de macarrones. Pero no lo reconocería ni muerta.

—¿Qué huele tan mal?

—¡Es olor a quemado!

La abuela se llevó las manos a la cabeza y corrió hacia la cocina gritando.

—¡Los macarrones!

Todos la siguieron y se quedaron asombrados ante el espectáculo.

—¡Ualaaa! —gritó Gustavo impresionado.

—¡Cómo mola! —exclamó Alicia, que no había visto nunca nada parecido.

—¡Los macarrones! —lloriqueó Cándida contemplando la cazuela negra.

Las llamas llegaban hasta el techo. Eran azules y rojas. La madre, asustada, quería llamar a los bomberos, pero la abuela replicó que no era necesario, que ya tenía práctica apagando fuegos. Por supuesto que tenía. Lanzó un par de paños sobre la cazuela y ahogó las llamas enseguida. Después la metió bajo

14 **risueño** heiter, vergnügt – 15 un **delantal** Schürze – 32 una **cazuela** Topf – 33 una **llama** Flamme – 35 **apagar** (Feuer) löschen, ausmachen – 36 un **paño** Tuch, Stoff

el chorro de agua y pronto un humo negro y espeso inundó la cocina y les hizo toser.

—No pasa nada —dijo la abuela, optimista por naturaleza.

Sin embargo, tuvieron que abandonar la cocina para poder respirar.

—¿Os apetece comer unas pizzas?

La abuela no daba ninguna importancia al incidente, estaba acostumbrada. Cándida miró a su alrededor, detectó la huella de incendios anteriores y tuvo una sospecha. ¿Era peligrosa su abuela? Su madre se lo confirmó.

—¿Quieres decir que sucede a menudo?

—Solamente cuando quiero hacer muchas cosas a la vez.

—¡Es una pirómana!

—¡Calla, Cándida!

Cándida calló. Pensándolo mejor, la idea de convivir con una abuela pirómana no estaba mal. Si quemaba el edificio, tendrían que volverse para casa. No insistió, se comió la pizza sin respirar, se despidió de su madre y aceptó la proposición de la abuela de echar la siesta porque hacía mucho calor.

De todas las costumbres de los pueblos, la siesta era sin duda la que más le gustaba. Hasta los japoneses se habían aficionado a dormir un ratito al mediodía.

Se despertó unas horas más tarde extrañada de estar en aquella habitación silenciosa de techos altos. Pero lo que la mosqueó fue comprobar que no tenía ningún mensaje en su móvil. ¿Había desaparecido del mundo? ¿Estaba en un agujero negro?

Tuvo una sospecha y la corroboró enseguida. Sin cobertura.

—Solamente hay cobertura en este rincón, aquí, aquí, encima del televisor. Es donde yo dejo mi móvil —le indicó su abuela.

Encontró el espacio ocupado por el móvil de Gustavo y lo lanzó sin contemplaciones encima del sofá para colocar el suyo.

A los pocos segundos de depositar el aparato en el lugar mágico le llegó el primer aviso de mensaje. Los silbidos se sucedieron por espacio de media hora. Qué emoción. ¡¡¡Existía!!! ¡¡¡Estaba viva!!! ¡¡¡Tenía amigas!!!

Recogió su única conexión con el mundo real con manos temblorosas y empezó a leer ansiosamente los comentarios

2 **toser** husten – 8 una **huella** Spur – 9 una **sospecha** Verdacht – 22 **aficionarse** s. etw angewöhnen – 25 **mosquear** *Esp coloq* verärgern – 28 **corroborar** bestätigen – 33 **sin contemplaciones** ohne Rücksicht – 36 un **silbido** Pfeifen, Pfiff – 40 **tembloroso** zitternd

de las amigas llenos de fotos y bromas. Hablaban de una fiesta en la que no había estado. Y lo peor de todo es que no la nombraron ni una sola vez.

No entendía nada de lo que decían. Hablaban entre ellas. Estaban todas juntas y se hacían las bromitas de siempre, aunque sin tener en cuenta que ella, Cándida, no estaba.

¡¡¡HORROR!!!

Dejó de leer.

Y es que, a pesar de la conexión, Cándida se había borrado de la vida de sus amigas. Qué fácil era desaparecer de la memoria de los demás y extinguirse.

Se sintió un dinosaurio y se preguntó si mientras se extinguían sufrieron mucho.

—¡¡¡A cenar!!!

—¿Ya? Pero si acabamos de comer —se extrañó Cándida.

—Hace seis horas que hemos comido.

Al parecer la temporalidad en los pueblos era diferente que en las ciudades. El tiempo tenía otra medida.

—¿Qué hay para cenar?

—Macarrones.

Fue a toda prisa hacia la cocina. Pero no, esta vez todo estaba en orden, no había ningún fuego encendido y los macarrones, apetitosos y entomatados, dormían calentitos en la cazuela. Su abuela los había cocinado de rechupete. Los contempló con emoción y aspiró su delicioso aroma con impaciencia. La abuela le había leído el pensamiento. Sabía que cuando estaba triste los macarrones la consolaban. Muy bien, pues, ahogaría las penas con macarrones.

Cándida repitió tres veces, rebañó el plato y lo dejó como un espejo. Luego, cerró los ojos con mala conciencia y calculó cuántas tallas de pantalón podían significar aquellos cuatro platos de hidratos de carbono, grasa y proteínas.

Al abrir los ojos no vio a nadie. Todo el mundo se había levantado de la mesa y sus hermanos corrían de aquí para allá.

—¿Qué hacéis? ¡Anda, anda a recoger la mesa!

—La abuela ha dicho que los platos sucios no molestan y que ya recogeremos mañana.

—Y nos ha dado permiso para salir.

Cándida se quedó helada. ¿Alicia y Gustavo saliendo de noche?

24 **de rechupete** *loc* sehr lecker – 27 **consolar** (o-ue) trösten – 29 **rebañar** ausschlecken, leer essen (con pan) austunken – 36 **molestar** stören

—¡Es un pueblo, no pasa nada! —argumentó la abuela maquillándose frente al espejo del pasillo. —Mira, todo el mundo está en la calle y en los bares, ahora es la hora de salir. Arréglate un poco y ven conmigo a dar un paseo.

Pero Cándida tenía dignidad y pensaba mantenerla hasta el final de sus días.

—No pienso salir de aquí en todo el verano, este pueblo es una mierda.

Su abuela no se inmutó.

—Como quieras, bonita.

Cándida miró por la ventana que había abierto la abuela y se frotó los ojos dos veces. La calle y la plaza estaban llenos de gente de todas las edades. Familias, niños, abuelos y... jóvenes.

Los vió a la primera. Estaba acostumbrada a poner las antenas para detectar pandillas de jóvenes. Pues ahí estaban, sentados en la repisa de una ventana y comiendo pipas. Chicos y chicas inclasificables. No eran pijos ni góticos ni punks. Eran normales. Reconoció al típico payaso, al típico gorila, al típico guaperas bajito y a la típica rubia que iba de guay y que le cayó mal, claro. Los repasó con atención, no había ni rastro de marcas de acné, desproporción de extremidades ni escuchó ningún gallo, eso solo podía significar que eran de bachillerato, de dieciséis para arriba. Genial, sus posibilidades de socializar con los "jóvenes" habían bajado de casi nulas a cero patatero. Los de bachillerato nunca daban bola a las de ESO —de catorce casi quince— como ella.

Alicia salió por la puerta y unos segundos después la siguió Gustavo.

—¿A qué hora les has dicho de volver?

—Cuando quieran. Relájate, estamos de vacaciones.

Cándida sentía una indignación sorda que le subía panza arriba. O quizás eran los macarrones.

—¡Pero, pero, abuela, no puedes comportarte irresponsablemente! ¡Les tienes que poner límites! ¡Normas! Les tienes que prohibir...

—¡Anda, calla, Cándida, calla! —la cortó su abuela y la dejó con la palabra en la boca.

2 **maquillar(se)** (s.) schminken – 9 **inmutarse** s. erschüttern lassen – 15 una **pandilla** Clique – 16 una **pipa** Kern – 17 **pijo** *Esp coloq* Snob – 18 el **payaso** Clown, Spaßvogel – 19 **ir de** + Adj/SUBST auf ... machen – 20 **ni rastro** *loc* keine Spur – 22 un **gallo** *Esp* hoher Ton/Schrei mit Kopfstimme – 25 **cero patatero** *coloq* rein gar nichts – 25 **dar bola** *coloq* jdm Aufmerksamkeit schenken – 31 la **indignación** Empörung – 31 **sordo** taub – 33 **comportarse** s. verhalten

Cándida, sola, abandonada por la familia, desautorizada por su abuela, olvidada por las amigas, ignorada por el grupo de jóvenes del pueblo se quedó sentada en el sofá sin mover ni medio músculo. Lentamente su indignación primera fue cediendo hacia una cierta indiferencia vital.

¿Y qué si Alicia esnifaba pegamento y Gustavo volvía borracho? No era su problema.

Vio una familia de moscas disfrutando en la cazuela sucia de los macarrones y una hilera de hormigas que recogían ordenadamente los trocitos de pan del suelo.

No pasaba nada.

Aquello era un pueblo.

6 un **pegamento** Klebstoff – 9 una **hilera** Reihe, Kolonne

3 La compasión

De buena mañana la despertó la voz de Alicia y aterrizó en la cruda realidad. Estaba en un pueblo.

—La abuela nos ha dicho que no vendrás a la piscina —comentó Alicia mediometro—. Yo he quedado con mi grupo. Jugaremos a buscar tesoros bajo el agua.

Vaya, así, a lo bruto, Alicia le había soltado que ya tenía pandilla.

Gustavo también se le acercó, parecía más afectado por la noticia.

—Qué lástima, mi amigo Miki me dijo que han puesto un trampolín que flipas en la piscina.

Cándida fingió indiferencia como hace una hermana mayor experimentada.

—Tengo cosas más interesantes que hacer.

Ninguno de los dos insistió y eso le molestó un poquito. Aceptaron muy naturalmente que su hermana permaneciera un mes recluida dentro de casa.

Y allí se quedó, con el móvil silencioso en las manos y sin nada qué hacer.

Hasta que escuchó unas risas y sacó disimuladamente la cabeza por la ventana. Era el grupo de jóvenes montando follón. Se habían citado delante de su casa, o sea en la plaza Mayor, para ir juntos hacia la piscina. Llevaban las toallas enrolladas bajo el brazo como una salchicha, los bañadores puestos bajo las camisetas y se entretenían embadurnándose la cara de crema. La rubia tenía muchos candidatos a manosearla. Parecían simpáticos —excepto la rubia— y se hacían bromitas facilonas.

Cándida se dio cuenta de que ella no existía, solo asistía al espectáculo de la vida de los demás desde la ventana. Un fantasma.

El móvil silbó con insistencia y Cándida leyó nerviosilla el mensaje:

CUCA- Pobre Cándida, debes de estar pasándolo fatal. ¡Qué asco de verano!

¡Oh, no! No soportaba la compasión y odiaba a Cuca Según, la chica más poco empática y la menos compasiva, generosa

1 **aterrizar** landen – 21 **montar follón** *Esp coloq* ein Chaos veranstalten – 24 un **bañador** Badeanzug, Badehose – 25 **embadurnarse** s. beschmieren – 27 **manosear** betatschen – 35 el **asco** Ekel

y leal que tenía en su lista de WhatsApp. Antes muerta que sentirse objeto de compasión de Cuca.

Cándida - Me lo estoy pasando bomba.

Cuca - ¿Con quién?

Cándida - Tengo una pandilla nueva. Ahora estamos a punto de ir a la piscina.

Cuca, sin embargo, era bastante desconfiada.

Cuca - En un día ya tienes pandilla?

Cándida - Of course. Te envío foto.

Irreflexivamente, como siempre, Cándida disparó una foto del grupo de jóvenes reunido delante de casa de la abuela. Intentó meter el máximo de gente dentro de su ángulo evitando que se viera el marco de la ventana.

La envió a Cuca a toda prisa y esperó su respuesta.

Pero Cuca no dijo nada. Debía de estar verde de envidia y Cándida saboreó durante unos largos diez minutos su triunfo. Finalmente, Cuca envió un breve:

CUCA- Mola.

Era un mola falso. Si le molara, habría añadido emoticones y habría contestado enseguida. No estaba mal para empezar, pensó Cándida. Y se animó.

Cándida - Y me he liado con uno.

Cuca - ¿Cuál?

La pregunta de Cuca había sido inmediata. Debía de haber estado analizando uno a uno a todos los chicos del grupo.

Cándida pasó al ataque y observó atentamente a sus presas, como un cazador al acecho. En aquellos momentos los chicos estaban de espaldas, así que se trataba de elegir el mejor culo y enviar una foto poco comprometida. Había un rastas, un gordito, un bajito, un larguirucho y un cachas. Dudaba entre el culito del rastas y el culazo del cachas. Hizo una foto a cada uno, pero con tan mala pata que justo cuando encuadraba al rastas, el chico se giró y se la quedó mirando fijamente. Era guapísimo. Ojos negros, nariz con personalidad, cara afilada y boca generosa. Cándida se puso tan nerviosa que, sin querer, apretó a la vez todos los botones de la cámara.

Glups.

1 **leal** loyal – 12 un **ángulo** Winkel – 15 la **envidia** Neid – 19 **añadir** hinzufügen – 22 **liarse** con up *Esp* ein/e Affäre/Verhältnis mit jdm haben – 26 una **presa** Beute – 27 un **cazador** Jäger – 27 **al acecho** auf der Lauer – 30 **larguirucho** schlaksig – 30 **cachas** *Esp coloq* kräftig, gut gebaut; scharf, sexy – 32 **encuadrar** einrahmen – 34 **afilado** spitz, schmal

Tenía el móvil en la mano, la prueba del delito. Era una espía, una fisgona pueblerina miserable. Pero el rastas no la acusó con el dedo ni gritó «¡Detenedla!». El rastas sonrió y dijo «Hola». Cándida no pudo sonreír, porque se había quedado paralizada, y respondió con un «Adiós». Dio media vuelta avergonzada y se alejó a toda prisa de la ventana.

«No, no, no —se repetía corriendo hacia el rincón de la cobertura—. Ya me han descubierto. Ya saben que existo. Ya saben que vivo aquí mirando por las ventanas como una vecina de pueblo aburrida».

Con manos temblorosas repasó las fotos de los chicos para ver cuál de ellas enviaba a Cuca. Pero su sorpresa fue monumental al darse cuenta de que el rastas no solo salía en una maravillosa foto de cara en primer plano, sino que lo había filmado en vídeo durante unos segundos. El rastas sonreía a la cámara con una sonrisa mágica y decía «hola». Cayó de culo en el sofá. Increíble. Parecía su novio.

Dudó unos instantes y, finalmente, su dedo actuó más rápido que su cabeza.

Cándida - Te dice hola.

El vídeo del rastas traspasó la distancia de centenares de kilómetros en apenas dos segundos y Cuca se desconectó al instante. Cuca era así de simple: si algo le molestaba, no disimulaba en absoluto.

Perfecto, era lo que pretendía. Molestar a Cuca Según.

Y Cándida, por primera vez en las últimas treinta y seis horas, se sintió bien.

Bien no. Muy bien.

2 un/a **fisgón/a** Schnüffler/in – 6 **avergonzar** (o-ue) beschämen – 25 **pretender** beabsichtigen

4 La trampa

Cándida, eufórica por haber dejado muda a Cuca Según, aprovechó el éxito y decidió airear su nueva vida por la red. Así pues, envió el vídeo del rastas a su grupo de amigas.

Las respuestas fueron inmediatas. Aplausos, pulgares levantados, *Cándida, you can!,* y felicitaciones de todo tipo alegraron el resto de su mañana solitaria.

Era fantástico.

En aquellos momentos ninguna de las amigas la compadecía. Por el contrario, muchas habrían vendido su móvil para cambiarle el sitio. Ya no hacían ascos de los pueblos, ni de la Rioja. Todas, sin excepción, habían quedado enamoradas del rastas y comentaban entusiasmadas los detalles de su vestimenta, el color de sus ojos y el tamaño de su nariz. El problema es que le pedían detalles: el nombre, la edad, el curso que hacía… cosas que Cándida ignoraba.

Tanto daba. Tendría tiempo de averiguar esas tonterías y de inventarse un montón de historias apasionantes. Quizá incluso pediría consejo a Gustavo, que tenía mucha imaginación puesto que leía libros.

La vida, aunque fuera inventada, podía tener gracia y emoción.

Finalmente, Cuca, se dignó a asomarse al grupo de WhatsApp con una enigmática frase.

Cuca - Ya nos lo presentarás.

Cándida, en circunstancias normales, habría desconfiado del mensaje breve de Cuca, pero tenía un exceso de endorfinas de la felicidad ablandándole el cerebro y no fue capaz de detectar el peligro.

Estaba tan lanzada que decidió preparar la comida para su maravillosa familia y su encantadora abuela. Les envió un mensaje avisándoles que en diez minutos tendrían el plato en la mesa.

No le hizo falta pensarse mucho el menú. Una olla con agua a hervir y un buen puñado de espaguetis. Pasados por la sartén con bacon, huevo, queso y crema de leche estarían para chuparse los dedos de las manos. Gustavo y Alicia quedarían encantados.

1 **mudo** stumm, sprachlos – 2 **airear** lüften – 4 un **pulgar** Daumen – 13 el **tamaño** Größe – 16 **tanto daba** *loc* es war egal, einerlei – 22 **dignarse a** *irón* geruhen zu – 27 **ablandar** erweichen – 29 **lanzado** entschlossen – 34 un **puñado** Handvoll

Calculó unos ocho minutos para hervir la pasta, como indicaban las instrucciones del paquete, y comenzó a freír la cebolla. Terminó de cocinarlo con éxito relativo –y un par de cortes en los dedos– mientras iba echando ojeadas a la pantalla del móvil. Aún recibía felicitaciones. Justo cuando puso los espaguetis en la sartén para mezclarlos con la salsa, irrumpió la familia en casa como un tornado.

—¡Cándida! —la llamó su abuela—. ¡Ya te han descubierto!

Cándida, intrigada, fue hacia el comedor.

—¿Quiénes?

—Los jóvenes.

Glups. Cándida tragó saliva.

—¿Cómo lo sabes?

—Jan, el chico de la farmacia, me ha preguntado cómo te llamabas y qué hacías en mi casa.

—¿Quién es Jan?

—El hijo del farmacéutico. Un chico que lleva rastas, tiene diecisiete años y estudia bachillerato. Es guapetón.

Cándida se tambaleó. Era ÉL y se había interesado por ella.

—¿Y tú qué le has dicho?

—Pues cómo te llamabas y qué hacías aquí.

Cándida abrió la boca para protestar pero la interrumpió el silbido inconfundible de su móvil. No pudo resistir la tentación.

Cándida leyó a toda prisa los mensajes que iban llegando. Sus amigas estaban revolucionadas.

Natalia - ¡Cándida, sorpresa!

Sonia - ¡Cuca ha tenido una idea!

Cuca - Fliparás.

Cándida tembló; si era idea de Cuca, fliparía seguro.

Natalia - Iremos a celebrar una fiesta de pijama a tu pueblo.

Sonia - A casa de tu abuela.

Natalia - Y conoceremos a tus amigos.

Cuca - Y a tu novio.

Apagó el móvil. No quería ni podía leer más. HORROR. Había subestimado a Cuca Según. ¿Por qué había tenido que inventarse que el pueblo era guay, divertido y lleno de chicos guapos? Si la vieran en aquellos precisos momentos cocinando para dos mocosos y una anciana, se morirían de la risa. Se

4 una **ojeada** flüchtiger Blick – 7 **irrumpir** eindringen, einbrechen – 12 **tragar** schlucken – 12 la **saliva** Spucke, Speichel – 19 **tambalearse** schwanken, taumeln – 39 un/a **mocoso/a** Rotzbengel, -göre – 39 un/a **anciano/a** Greis/in

estrujó el cerebro en busca de alguna excusa convincente para evitar la visita de sus amigas, no le salía nada…

Alicia interrumpió sus cavilaciones con su vocecita impertinente.

—Huele fatal.

Gustavo también olió.

—Se está quemando algo.

—¡Los espaguetis! —gritó Cándida mientras salía a toda prisa hacia la cocina.

La abuela corría detrás de ella.

—¡Ualaaaaa! —gritó Gustavo contemplando el espectáculo.

—¡Cómo mola! —exclamó entusiasmada Alicia.

Las llamas rojas y azules cubrían la sartén y lamían el techo. Los espaguetis estaban carbonizados.

Cándida cogió un trapo y lo tiró con buena puntería sobre la sartén. Se apresuró en meter la sartén bajo el grifo mientras apagaba el gas con la otra mano y en ese preciso instante tuvo una gran idea.

—Ayyyy! —Cándida se frió un dedo y aprendió por las malas que no se pueden tener grandes ideas en momentos delicados.

Se embadurnó el dedo de pasta de dientes y corrió hacia el comedor para teclear furiosa en su móvil.

Cándida - Lo siento mucho, mi abuela, que es muy antipática, no quiere invitar gente a casa. La he intentado convencer, pero no se deja.

No hay excusa mejor que echar las culpas a los demás. La excusa de su abuela era muy buena puesto que ninguna de sus amigas la conocía.

Las respuestas llegaron enseguida.

Sonia - Ohhh! What a pity!

Cuca - ¡Habría sido guay!

Natalia - ¡Yo ya había convencido a mis padres!

Cándida volvió hacia la cocina. Lo había solucionado en un pis pas. Le había costado unos espaguetis, pero eso era lo de menos. Con la bomba de Cuca desactivada y la certeza de que Jan sabía de su existencia, Cándida suspiró.

Algo tenía claro, sin embargo: había heredado el gen pirómano de su abuela.

1 **estrujar** auspressen, zerdrücken – 3 la **cavilación** Grübelei – 4 **impertinente** unverschämt, frech, impertinent – 13 **lamer** (ab)lecken – 15 un **trapo** Lappen, Tuch – 22 **teclear** (ein)tippen – 33 **en un pis pas** *loc* blitzschnell – 37 **heredar** (be-)erben

5 La piscina

Cándida se levantó animada. Le apetecía estirar las piernas, beber un refresco al aire libre y sentir los rayos del sol. Le apetecía salir del encierro para ver otros paisajes y sobretodo, le apetecía volver a ver a Jan.

Y entonces, con la sonrisa puesta, comunicó de manera oficial su ultimísima decisión. Los políticos no eran los únicos que cambiaban de opinión.

—Hoy iré a la piscina.

Nadie se extrañó.

La piscina estaba llena hasta la bandera de niños revoltosos, mamás en bikini tomando el sol y papás de vacaciones con cara de estresados.

A la sombra se sentaban las amigas de su abuela que le hacían señas y la llamaban por su nombre. Cándida las saludó desde lejos con la mano, haciéndose la simpática, y evitó acercarse demasiado. Las abuelas eran especialistas en secuestrar chicas y exprimirlas como limones. Las interrogaban, las manoseaban y las utilizaban para su propio disfrute. Antes se refugiaría en la piscina que a la sombra de los plataneros con las abuelas.

Cándida fingía una seguridad que no tenía. Caminaba, no sabía hacia dónde, con su toalla bajo el brazo, la cabeza en alto y mirando de soslayo, con mucho disimulo, a ambos lados. Intentaba imaginarse cuál debía ser el lugar preferido de los jóvenes.

Porque de los jóvenes ni flowers.

Era idiota. Tendría que haber esperado a que se reunieran frente a su casa y salir tras ellos, como por casualidad. Pero Cándida, nerviosa y demasiado impaciente, había querido ir a la piscina por su cuenta y riesgo y hacerse la encontradiza con Jan y la peña.

Echó una rápida ojeada a su alrededor descartando el bar, la cancha de baloncesto, las baldosas llenas de mamás, papás y niños y las sillas territorio abuelas. Detrás quedaba una gran explanada de césped. Aquel parecía un lugar perfecto para un grupo de gente joven. De hecho, había otros grupos

2 un **rayo** Strahl – 10 **revoltoso** unbändig, ungestüm – 14 **hacer señas** winken – 17 **secuestrar** entführen – 19 el **disfrute** Genuss – 19 una **sombra** Schatten – 21 **fingir** so tun als ob, vortäuschen – 26 **ni flowers** *Esp coloq* keine Ahnung – 30 **hacerse el/la encontradizo/a** jdm scheinbar zufällig über den Weg laufen – 33 una **cancha** Sportplatz – 35 una **explanada** freier Platz

de *teenagers* jugando a las cartas en círculo. Así pues, plantó la toalla sobre el césped y tomó posesión de aquel pedazo de tierra con el mismo entusiasmo con que Amundsen plantó la bandera noruega en el Polo Sur. A continuación, se quitó la camiseta y se embadurnó de aceite bronceador de pies a cabeza. Al mirarse con atención se encontró gorda, blanca y demodé. Se había puesto un bikini de flores de la temporada pasada sin mucho convencimiento. Su abuela le había dicho que le favorecía, pero Alicia, más sincera, había comentado que le quedaba pequeño. Le apretaba un poco demasiado.

—¡Hola! —No era un hola grave de chico de diecisiete años. Era un «hola» agudo y archifamiliar de crío inmaduro de doce casi trece.

Se incorporó a toda prisa. Era Gustavo con su amigo, Miki. Un Gustavo repetido. "Gustavo 2".

—Largo de aquí. No nos conocemos.

Gustavo ya estaba acostumbrado a su tono y no se inmutó.

—¿Has visto el trampolín?

No había levantado la vista para mirarlo.

Se fijó y admitió que era bastante alto.

—Hoy nos tiramos seguro —anunció triunfal Gustavo.

—¿No os tirasteis ayer? —preguntó Cándida con insolencia.

—Nos lo estuvimos pensando. De hecho, estuvimos a punto dos veces.

—Tres —puntualizó Miki.

—Pero hoy sí, hoy nos tiraremos.

—Pues venga, ¡tiraos ya! —los retó Cándida—. Os hago una foto con el móvil.

Gustavo y Miki palidecieron.

—El agua está demasiado fría —se excusó Gustavo.

—Hacia el mediodía.

—Cuando se caliente el agua y hayamos entrenado un poco.

Cándida no lo acababa de entender. Las indecisiones no iban con ella.

—¿Entrenar qué? Te tiras o no te tiras.

—Ayer estuvimos estudiando la situación.

—Mucho rato.

—Porque da un vértigo que flipas.

Justo entonces, Cándida dejó de escuchar excusas porque vio que entraba por la puerta el grupo de jóvenes y le asaltó un

11 **grave** tief (Ton) – 12 **agudo** hoch (Ton) – 12 **inmaduro** unreif – 16 **¡largo de aquí!** Hau ab!, zieh Leine! – 22 la **insolencia** Frechheit – 29 **palidecer** erblassen

ataque de pánico desconocido. Se escondió detrás de los dos frikis.

—No os mováis ni un centímetro.

Y oculta detrás de su hermano y su amigo clónico estuvo espiando la entrada de la pandilla en la piscina. En aquellos momentos sentía una vergüenza tan inmensa como el miedo de Gustavo y Miki a tirarse del trampolín.

Vio cómo, en contra de todas sus suposiciones, tomaban el camino contrario al que había optado ella y se dirigían juntos hacia la pista de baloncesto. Justo en el lado opuesto de la piscina.

—¡Mierda!

Gustavo y Miki no respiraban por si acaso. Compartían la tensión de Cándida y sabían que estaban participando en algo importante.

—¿De quién te escondes?

—No me escondo de nadie, simplemente no quiero que me vean.

—¿Los de la pandilla de Jan?

—¡Que te calles!

Estudió con atención el otro lado de la piscina y pensó en una estrategia. Podía coincidir con naturalidad dentro de la piscina y hacerse visible para que fuera Jan quien la reconociera a ella y la saludara. Una vez roto el hielo, todo funcionaría como si nada.

Los jóvenes se fueron quitando la ropa y se lanzaron al agua unos a otros. Bueno, lanzaron al agua a la rubia entre todos los chicos y las tres chicas morenas se lanzaron solas.

Cándida se puso en pie decidida, era el momento de ir al agua ahora que Jan estaba dentro.

—¡Anda, vamos al agua! —ordenó a sus dos guardaespaldas.

Pero eran más cobardes de lo que imaginaba.

—No, no, a estas horas aún no estamos preparados.

—De aquí a un ratito.

—¿Y yo con quién me baño?

—Con Alicia. Está buscando tesoros con sus amigos.

Cándida lanzó un suspiro de resignación. Alicia era un plomo, pero le serviría.

Localizó a su hermana pequeña y se lanzó de cabeza a la piscina, con un estilo impecable, hasta ir a parar en medio del

5 **espiar** ausspionieren, ausspähen – 6 la **vergüenza** Scham – 13 **por si acaso** vorsichtshalber – 22 **coincidir** zufällig treffen – 31 un **guardaespaldas** Bodyguard – 32 **cobarde** feige – 37 un **suspiro** Seufzer – 38 **ser un plomo** *coloq* ein Plagegeist sein – 40 **impecable** einwandfrei

grupo. Rodeada de enanos propuso a Alicia jugar a sirenas y tritones.

El entusiasmo convertido en hermana pequeña la abrazó, besó, estranguló y ahogó.

—¡Yo soy Ariel! —decidió Alicia—. Y tú, tú y tú, sois mis hermanas y tú eres Neptuno, y tú eres el príncipe, tu Sebastián, tú un alga y tú eres Úrsula.

Y ocho niños y niñas, encantados de jugar con una hermana mayor que se dejaba ahogar, la siguieron entusiasmados.

Cándida se dio cuenta de su error enseguida. Al sacar la cabeza para respirar vio horrorizada cómo el grupo de jóvenes salía del agua sin haberla visto ni haberse fijado en su labor de animadora infantil, simpática y algo sirena.

—Salgo.

—¡Nooooo!

No la dejaron salir, cada vez que lo intentaba la obligaban a volver. Se había convertido en su ídolo. El único consuelo que le quedaba era vengarse de los pequeños monstruos sirviéndose de sus poderes de bruja del mar.

—No te puedes mover, te he convertido en una ostra.

»Y a ti en un calamar«.

»Y tú, tú eres un mejillón«.

Pensó que se hartarían, pero estaba muy equivocada. Resistieron cerca de una hora antes de empezar a sufrir frío. Eran de otra generación.

Cándida salió del agua con los dedos tan arrugados como las abuelas que estaban sentadas a la sombra. En todo aquel rato había perdido de vista a los jóvenes y ahora advirtió que se dirigían hacia el trampolín.

Cándida, curiosa, hizo visera con la mano para observarlos.

En lo alto del trampolín, además de los pocos que se lanzaban, hacían guardia Gustavo y Miki, bien secos y en fase de reflexión. De vez en cuando se acercaban al precipicio, lo miraban y se echaban atrás acojonados.

Los jóvenes subieron en grupo. Los chicos y la rubia del bikini negro que le quedaba de coña. Aquello sí que era estilo…

1 un/a **enano/a** Zwerg/in – 17 un **consuelo** Trost – 18 **vengarse** s. rächen – 20 una **ostra** Auster – 22 un **mejilón** Miesmuschel – 23 **hartarse** de überdrüssig werden – 26 **arrugado** runzelig, faltig – 28 **advertir** (e-ie) bemerken – 30 **hacer visera** die Hand als Blendschutz über die Augen halten – 34 **acojonado** Esp *coloq* verängstigt – 36 **de coña** Esp *coloq* hervorragend

Se tiraron juntos y a lo loco, excepto la rubia que esperó a que todos estuvieran en el agua para lanzarse la última de palillo y gritando. Aquel era su momento, pensó Cándida. Se levantó muy digna y se acercó al trampolín con las piernas temblorosas. Comenzó a subir escaleras arriba y al llegar a lo más alto tuvo que reconocer que impresionaba. Gustavo y Miki la recibieron entusiasmados y le dieron las explicaciones pertinentes: los metros, las distancias, la mejor manera de lanzarse. Eran unos verdaderos expertos. Pero Cándida no estaba para tonterías. Ella había subido para lanzarse a la piscina y caer en medio del grupo de jóvenes. Caería del cielo, por casualidad, pero caería bien.

Mientras se acercaba hacia el abismo y oía tras ella las advertencias de «no, espera, míratelo primero» de los dos frikis, Cándida se propuso superar a la rubia del bikini negro. Si la rubia se había tirado gritando y de palillo, ella se lanzaría de cabeza y en silencio.

Llegó hasta el final, estiró los brazos adelante con elegancia, encajó la cabeza entre los bíceps, dio un saltito con los pies y se lanzó. Una vez boca abajo, dirigida como un proyectil en posición misil, y con el ángulo de visión enfocado a tierra, percibió de pasada la enorme distancia que había entre el trampolín y el agua del fondo. Demasiado tarde. Ya estaba bajando y cogiendo más y más velocidad. Era como si hubiera caído de un avión y fuera a estrellarse contra el suelo. Por eso, a pocos metros del choque, por instinto quizá, se desvió unos milímetros de su trayectoria y evitó zambullirse de cabeza.

Así que aterrizó con la barriga.

¡¡¡FLIPANTE!!!

Esto fue lo que dijeron Gustavo 1 y Gustavo 2, que habían asistido a su salto desde lo alto del trampolín.

¡¡¡BRUTAL!!!

Fue la opinión unánime del grupo de Alicia, que estaba dentro en la piscina y que lo vio desde la perspectiva contraria.

¡¡¡ESPECTACULAR!!!

Dijeron las abuelas de la sombra del platanero.

2 **de palillo** Fußsprung – 5 **tembloroso** zitternd – 8 **pertinente** sachdienlich, passend – 13 un **abismo** Abgrund – 15 **proponerse** s. vornehmen – 21 un **misil** Rakete (Kriegswaffe) – 22 **percibir** wahrnehmen – 26 **desviarse** abkommen – 27 una **trayectoria** (Flug)bahn – 27 **zambullirse** eintauchen – 28 la **barriga** Bauch

Los jóvenes no comentaron nada porque no pudieron ver ni oír nada. Estaban boca abajo escuchando música y tomando el sol en la cancha de baloncesto.

Si Cándida hubiera tenido la precaución de mirar abajo antes de dar su salto heroico, se habría dado cuenta de que habían salido de la piscina mientras ella subía las escaleras. Ninguno de ellos miraba hacia el trampolín cuando ella se lanzaba. Jan tampoco.

Si Cándida hubiera tenido dos dedos de frente, habría estudiado la altura del trampolín y la forma más adecuada de tirarse.

Si Cándida hubiera sido prudente, calculadora y temeraria, no se habría lanzado. Aunque, claro, entonces no habría sido Cándida.

2 **boca abajo** auf dem Bauch – 4 si **hubiera tenido**… wenn sie … gehabt hätte – 9 **no tener dos dedos de frente** schwer von Begriff sein – 12 **prudente** vorsichtig, behutsam – 12 **temerario** waghalsig

6 La animadora infantil

A la mañana siguiente, Alicia planteó una propuesta insólita a su hermana mayor.

—Mis amigos dicen que eres muy guay y quieren que les enseñes a jugar al baloncesto.

Cándida se sorprendió de que su hermana, a pesar de conocerla perfectamente, le hiciera una propuesta tan estúpida.

—¡Esfúmate, coliflor apestosa!

Estaba en crisis. Hiciera lo que hiciera, sería invisible para el grupo de jóvenes.

La abuela entró por la puerta con una sonrisa sospechosa.

—Tengo una mala noticia y una buena. ¿Cuál quieres saber antes?

Cándida eligió la mala. Cuanto antes pasara el mal trago, mejor.

—No te puedes bañar en tres días. Te tienes que poner esta pomada en la quemadura y vendarte el dedo.

Vaya. No era tan catastrófica como creía.

—¿Y la buena?

—He invitado a tus amigas aquí, a casa. Haréis una fiesta de pijama.

Cándida cayó de culo en una silla.

—¿Cuándo?

—Cuando tu amiga Cuca vuelva de Dublín. De aquí a tres semanas.

La asaltó una terrible sospecha.

—¿Y cómo sabes que Cuca se va de viaje?

—Porque me ha llamado ella misma. Es muy simpática y quería venir a verte.

¡¡NOOOOO!!

Cuca, la asquerosa y miserable Cuca Según, la había descubierto. Seguro que había tirado de la lengua a su abuela y que le había hecho confesar que se pasaba el día jugando con los amiguitos de Alicia, que no conocía a nadie y que no se había liado con ningún chico.

La abuela, sin embargo, no era tan tonta como Cándida creía.

8 **esfumarse** verschwinden – 8 la **coliflor** Blumenkohl – 8 **apestoso** stinkend – 14 un **mal trago** bittere Pille – 17 una **quemadura** Brandwunde, Verbrennung

—No se acababa de creer que tuvieras pandilla.

Cándida tragó saliva.

—¿Y tú qué le has dicho?

—Que te habías hecho amiga de todos.

—¡No fastidies! ¿Y qué más?

—Que me olía que salías con un chico.

Cándida se pellizcó. ¿Su abuela mentía?

—¿Y por qué le has dicho una mentira?

—Yo no, la mentira te la habías inventado tú solita. Yo solamente te he seguido el rollo.

Cándida calló avergonzada.

—Pero ahora te tendrás que apañar sin ayuda —concluyó la abuela. Tienes tres semanas para arreglarlo.

En tres semanas tenía que hacerse de la pandilla y liarse con Jan.

Se sentó cinco minutos y urdió un plan. Era muy rápida.

—¡ALICIAAAA!

Alicia acudió a la llamada.

—Me lo he estado pensando y… mmmmm, te enseñaré a jugar al baloncesto.

—¡¡¡Oeeeee!!! —saltó de alegría.

Pero Cándida no estaba para celebraciones.

—Os quiero en la pista de aquí a media hora. Tenéis que llevar gorra, zapatillas, tres balones reglamentarios y un silbato. Los que lleguen tarde no juegan.

Y mientras iba hablando elegía la camiseta que mejor le sentaba y los pantalones cortos que le hacían el culo más mono.

Media hora más tarde estaba en la cancha de baloncesto vestida para mandar.

Los niños fueron puntuales y se alinearon en fila de uno, obedientes. Cándida, armada con el balón y el silbato, se sentía poderosa. Había decidido volver a montar el numerito. ¡Qué remedio! Cuando los jóvenes llegaran a la piscina y quisieran tomar posesión de la cancha de baloncesto la encontrarían allí, al frente de un equipo, y tendrían que negociar su espacio con la nueva entrenadora de baloncesto de los pequeños. Ya no sería la pobre chica aburrida que miraba detrás de la ventana.

5 **fastidiar** ärgern, stören – 6 **oler** (o-ue) riechen – 7 **pellizcar** kneifen – 12 **apañarse** klarkommen, zurechtkommen – 13 **arreglar** in Ordnung bringen, regeln – 16 **urdir** aushecken, spinnen – 25 un **silbato** Pfeife – 28 **mono** *coloq* hübsch, reizend – 31 una **fila** Reihe – 32 **obediente** gehorsam – 33 **¡Qué remedio!** Was soll man sonst machen!

Controló la puerta de la entrada y miró el reloj algo ansiosa. Según sus cálculos estaban a punto de llegar.

Se aseguró de que los pantalones le quedaran bien, se ató la cinta en la frente, que le favorecía un montón, y botó el balón como una bailarina en medio de la cancha.

—¡Miradme bien!

La miraron boquiabiertos. Cándida botaba la pelota con ambas manos, hacía malabarismos, simulaba defenderse, encestaba desde debajo del aro, a diez pasos, desde el lado contrario de la pista.

Pero el grupo de jóvenes no llegaba.

Comenzaron a chorrearle las gotas de sudor por la frente y se dio cuenta de que la mancha de las axilas empezaba a extenderse peligrosamente.

¡HORROR!

Y los jóvenes sin llegar.

Intentó aguantar diez minutos más pero la evidencia se impuso. Ella estaba hecha un asco y los niños empezaban a cansarse y a pelearse.

—Me aburro.

—¿Puedo jugar?

—¿Me dejas el balón un rato?

Era comprensible, querían participar.

Cándida decidió salir de dudas.

—Si nos ponemos a jugar, ¿no nos echarán los jóvenes?

—¿La panda de la plaza?

Va y resulta que tenían nombre y todo.

—Sí, los de la plaza.

—Hoy se han largado de excursión.

—Los he visto esta mañana.

—No vendrán.

Si hubiera sido un globo, Cándida se habría deshinchado y habría salido volando. Pero era Cándida y Cándida asimilaba los jarros de agua fría en cuestión de segundos.

Suspiró tres veces por lo que pudo haber sido y no sería, se hizo cargo de su nueva situación de *superstar* sin espectadores y decidió que los niños querían marcha y ella también.

1 **ansioso** beunruhigt – 3 **atar** festbinden – 4 una **cinta** Band – 4 la **frente** Stirn – 4 **botar** werfen – 9 **encestar** einen Korb werfen – 9 un **aro** (Basketball)Ring – 12 **chorrear** tropfen – 12 el **sudor** Schweiß – 13 una **mancha** Fleck – 17 **aguantar** ertragen, aus-, durchhalten – 26 una **panda** (pandilla) Clique – 32 **deshinchar** die Luft herauslassen – 34 un **jarro de agua fría** *fig* kalte Dusche – 35 **suspirar** seufzen

Cándida se puso al trabajo. Los entrenaría. Por supuesto que los entrenaría.

—¡¡¡Todos en pie!!! ¡¡¡QUIERO UNA FILA!!! ¡Una hilera recta! Tomad dos balones.

PIIIIP.

—¡Daréis tres pases, botaréis dos veces y encestaréis!

PIIP PIIIP.

Cándida no paraba de dar órdenes.

—¡No pises!

»¡Espera tu turno!«

»¡Ve a recoger la pelota!«

Poco a poco empezó a notar el calorcillo de la emoción del mando. Se sintió como un general de división. Era fantástico mandar.

—Ahora formaremos dos equipos y jugaréis un partido amistoso.

El entusiasmo y los gritos atrajeron a las mamás.

—Unos seréis los rojos y otros los verdes.

»Preparados. ¡YA!«

PIIIIIIII.

—¡Falta!

PIIII.

—Pasos.

PIIII.

—¡Dobles!

El comienzo del partido ya gozaba de bastante expectación. Las abuelas habían trasladado las sillas cerca de la pista y las mamás y algunos papás se sentaban en el suelo y animaban a sus hijos. Cándida corría enloquecida de aquí para allá porque hacía las funciones de entrenadora de ambos equipos y de árbitro.

Hacia la media parte, Cándida ya no se sentía una pobre estúpida. La verdad es que se lo estaba pasando fenomenal.

Cuando Cándida pitó el final del partido y obligó a abrazarse a los dos equipos —ya que era amistoso—, las madres, abuelas, chavales y espectadores varios estallaron en aplausos. Cándida ordenó a los niños que saludaran. Y ellos la reclamaron a gritos.

—¡Cándida! ¡Cándida! ¡Cándida! —atronaban sus vocecitas.

14 **mandar** befehlen – 26 **gozar** genießen, sich erfreuen – 34 **pitar** pfeifen – 36 **estallar** losbrechen – 37 **reclamar** verlangen – 39 **atronar** (o-ue) benommen machen, dröhnen

Emocionada, abrazó teatralmente a su grupo de pequeños jugadores y jugadoras, cogió la pelota y, como buena entrenadora, metió un triple.

El revuelo fue ensordecedor y Cándida levantó la cabeza justo a tiempo de cazar la pelota al vuelo.

El balón no había vuelto solo.

Lo había lanzado Jan.

Se quedó estupidizada con el balón en la mano y vio cómo Jan se acercaba a ella seguido de toda la pandilla de la plaza. Regresaban de excursión, era obvio, porque estaban sucios.

—¡Jo! Eres buenísima.

A Cándida le sonó a repique de campanas élficas y escuchó algo así como «estás buenísima». Pero daba lo mismo porque estaba a punto del desmayo. Los nervios, la insolación y la sudada ayudaban.

—Eres Cándida, ¿verdad?

—Sí —murmuró.

—¿Te has hecho daño? —preguntó Jan al verle las quemaduras.

—Son heridas de guerra. Hice espaguetis.

El chico le cogió las manos con cara de experto y las observó. Cándida sintió el contacto cálido de las manos de Jan y una corriente eléctrica la sacudió de pies a cabeza.

—La quemadura es fea. Pasa mañana por la farmacia, mi padre te lo mirará.

Cándida lo observaba embelesada.

Se fueron presentando los chicos uno a uno. Lucas, Pablo, Pepe, Marcos. Todos simpáticos. Todos de bachillerato. Cándida les calculó entre diecisiete y dieciocho.

Luego, les tocó el turno a las chicas. Algunas parecían más jóvenes, pero ninguna catorce, como ella. Lo mejor sería fingir que tenía casi dieciséis. Así, de manera ambigua.

—¿Qué tal? Me llamo Abril. Me encantaría saber jugar como tú.

Abril le cayó bien.

—Eres muy buena, soy Carmen.

Carmen también le cayó bien.

—Soy María, qué cara más sucia tienes. ¿Quieres un espejo?

María no le cayó tan bien.

4 un **revuelo** Aufruhr – 4 **ensordecedor** (ohren)betäubend – 12 un **repique** Läuten – 14 un **desmayo** Ohnmacht – 17 **murmurar** flüstern – 20 una **herida** Wunde – 23 **sacudir** rütteln, schütteln – 26 **embelesar** begeistern, entzücken

Cándida iba besándose con los que se le acercaban, que quedaban pringados de sudor. Peor para ellos. En ese instante estaba en el lado opuesto del exhibicionismo. Era ella, simplemente ella, y no tenía que demostrar nada a nadie. La habían conocido actuando de Cándida, haciendo de Cándida y en su momento estelar —eso sí— de Cándida.

A veces las cosas pasan sin más. Porque sí.

Faltaba alguien, pensó Cándida. Pues claro. Faltaba la rubia que estaba en lo alto del trampolín tratando de llamar la atención. Gritó.

—Me tiro, ¿eh?

Pero nadie la escuchó. Lucas, Pepe, Pablo y Abril habían cogido un par de balones y estaban jugando un veintiuno. Carmen y María se habían lanzado al agua. Jan hablaba con Cándida y la invitaba formalmente a formar parte de la pandilla.

—¡Ahhhhhh! —gritó la rubia al caer desde lo alto del trampolín sin que nadie la mirara.

Bueno, sí. Cándida levantó la vista y le dedicó una mirada rápida.

Le pareció patética.

2 **pringado** beschmiert, (schweiß)gebadet – 6 **estelar** Star-

7 Enemigas naturales

La rubia se llamaba Malvasía, era la hija pequeña de una familia de productores de vinos muy famosa en la comarca. Sus padres eran propietarios de viñedos, tenían un palacete en las afueras del pueblo, un apartamento en los Alpes, uno en la Costa Dorada, unas bodegas de renombre internacional y una finca con caballos. Malvasía había estado en Nueva York, en Tokio, en Estocolmo, en Luxemburgo y en otros lugares del mundo que Cándida no memorizaba porque ni siquiera sabía cómo pronunciarlos. Iba a una escuela internacional, hablaba cuatro idiomas y era rubia natural porque su madre era sueca natural.

Malvasía superaba con creces a Cuca Según. Era guapa, lista, viajada y rica.

La odió desde el primer momento. La odió con la misma intensidad con que Malvasía la odió a ella.

Eran enemigas espontáneas y no hacía falta buscar explicaciones racionales.

Estaban destinadas a destruirse para sobrevivir. Las alianzas eran imposibles. Matar o morir. Estaba cantado que entre ambas se había declarado una guerra y que tarde o temprano habría sangre, los indicios eran bastante claros.

Cándida, sin embargo, jugaba con desventaja y por eso cayó en la trampa que le tendió Malvasía.

—Os invito a la finca, que Cándida no la conoce.

La propuesta fue muy bien recibida por todos.

Se repartieron entre los coches y las motos y Jan, para disgusto de Cándida, dijo que ya iría en bicicleta.

Al bajar del coche Cándida quedó impresionada y tuvo que reconocer que la finca, rodeada de viñedos y árboles, era bonita. Pero se sorprendió al oír relinchos.

—¿Hay caballos?

—Claro, por eso hemos venido, para montar.

Lo de montar a caballo junto a Jan le pareció de lo más romántico.

—¿Has montado antes? — quiso saber Malvasía.

—Sí, claro.

2 una **comarca** Gegend, Gebiet, Landkreis – 29 un **viñedo** Weinberg – 30 un **relincho** Wiehern – 32 **montar** reiten

Había montado a caballo el día que cumplió diez años. Fue su regalo de cumpleaños. Dio un paseo de una hora guiado por un sendero de la sierra y le pareció fácil, se trataba de sentarse sobre el caballo y adaptarse a su paso.

Cándida estaba convencidísima de que sabía montar a caballo y aceptó el reto.

Malvasía se acercó a un potro negro e inquieto.

—Hola, Relámpago. Ven aquí, bonito, me has echado de menos, ¿verdad?

Y lo arrulló como si fuera un peluche de juguete.

—¿Cuál quieres? —le preguntó Malvasía—. Polvorón es muy dócil, no le gusta correr.

Cándida no quiso hacer el ridículo con un caballo perezoso. No quería ser menos que Malvasía.

—Uno que sea rapidito.

—¿Fogoso?

No tenía mucha idea de lo que significaba *fogoso,* pero le sonaba a fuego.

—Por ejemplo, Terremoto. Mira qué guapa, es una yegua muy fogosa.

Debería haber desconfiado del nombre, pero la yegua la sedujo. Se la veía energética y capaz de hacer frente a Relámpago.

Al poner el culo encima de la silla se contagió inmediatamente del nerviosismo y la impaciencia de Terremoto. Con mucha precaución le palmeó el cuello imitando el trato de Malvasía con su Relámpago.

—Tranquilita, Terremoto, tranquilita.

Pero no estaba nada tranquila. La yegua estaba asustada por la forastera y salió de la cuadra relinchando.

María, al verla, se llevó una mano a la boca para reprimir un grito.

—¿Te atreves con Terremoto?

Cándida empezó a dudar de su elección.

—Es muy valiente Cándida —comentó Malvasía con sorna—. Y por lo que dice, monta bien. Seguro que la termina amansado.

3 un **sendero** Pfad – 3 una **sierra** Gebirgskette – 6 un **reto** Herausforderung – 7 un **potro** Fohlen – 8 un **relámpago** (*hier* Pferdename, *eigt* Blitz) – 10 **arrullar** einlullen, besänftigen – 10 un **peluche** Plüschtier – 13 **perezoso** faul, träge – 16 **fogoso** feurig – 19 un **terremoto** (*hier* Pferdename, *eigt* Erdbeben) – 19 una **yegua** Stute – 26 **palmear** tätscheln – 33 **atreverse** s. trauen – 36 la **sorna** sarkastischer Unterton, Spott – 37 **amansado** gezähmt

«Amansar es el verbo que se utiliza para las fieras», pensó rápidamente Cándida. Amansar a los leones, amansar a los osos. Glups.

Jan la encontró bien tiesa sobre su yegua como una amazona inglesa.

Fantástico.

Cándida sonrió para una foto hipotética. Ella, la amazona de La Rioja, montando a su yegua fogosa.

Sin embargo, Jan frunció el ceño y movió la cabeza a ambos lados desaprobando su fabulosa imagen.

—Estáis bien locas las dos —comentó.

Cándida no supo si se refería a Terremoto y a ella o a Malvasía y ella. En cualquier caso se quedó un poco planchada.

Y aún se deshinchó más cuando invitó a Jan a acompañarlos.

—No me gusta montar.

«¿Y ahora qué?», pensó. Ahora que ella se había atrevido con una yegua fogosa para dar un paseo romántico junto a Jan, resulta que a Jan no le gustaba montar.

¡Mierda!

Pues bien, aguantaría como una valiente y mostraría a Malvasía que era tan buena amazona como ella.

Relámpago salió a buen paso y Terremoto lo siguió. Relámpago se puso al trote y Terremoto también. Relámpago se puso al galope y Terremoto lo adelantó en una curva peligrosa.

—¡¡¡Detenla!!! —gritó Malvasía.

—¡No pierdas el control! —le advertían vagamente los otros.

Pero Cándida había perdido el control. Terremoto se había descontrolado totalmente. Lo único que podía hacer Cándida era procurar no caer y esperar a que su yegua se cansara de correr.

Empezaba a ser angustioso.

Empezaba a dolerle el culo y las piernas y los brazos.

Empezaba a entender el significado de *fogosa*.

Y empezaba a entender las intenciones de Malvasía…

Pues bien, no la conocía lo suficiente. No le daría el gusto de verla bajar la cabeza y morder el polvo.

Resistiría.

4 **tieso** steif, fest – 9 **fruncir el ceño** die Stirn runzeln – 14 **planchado** *coloq* platt – 24 **al trote** im Trab – 31 **procurar** versuchen; aufpassen, dass – 33 **angustioso** beklemmend – 38 **morder el polvo** *loc* ins Gras beißen

Terremoto sudaba y babeaba, pero no se rendía. Cándida tampoco se rendía. Estaban hechas de la misma pasta. O ella o yo, masticaba Cándida para sí, pero Terremoto ya había hecho dos ensayos de lanzar a su jinete levantando las patas delanteras.

No podría aguantar mucho rato más.

Y decidió dejar a un lado el orgullo y apostar por la supervivencia.

—¡Auxiiiiiiilioooooo! —gritó indignamente.

Le respondieron unas voces esperanzadoras.

—¡¡¡Tranquila!!!

—¡¡¡Resiste!!!

Y a lo lejos, por el camino forestal, vio avanzar los caballos de Pepe y Malvasía, que se acercaban a toda pastilla hacia ella. Ya de lejos pudo apreciar el estilo impecable de Malvasía, que formaba casi un cuerpo armónico con su caballo. Era bonito de mirar. Exactamente lo contrario de la imagen que ofrecía ella.

Malvasía incitó a Relámpago a galopar más rápido hasta situarse a su lado, casi rozando a Cándida.

—¡Frénala! —ordenó Malvasía estirando su mano hacia las riendas—. Tira hacia arriba hasta que no la dejes respirar.

Cándida lo intentó sin éxito. No había forma de detenerla.

Y entonces Malvasía hizo algo que Cándida no olvidaría nunca.

—¡Aparta! —gritó mientras levantaba una pierna de su caballo y sujetaba con la mano contraria las riendas de Terremoto.

Cándida se echó atrás sin abrir la boca. Era como un número de indios del Cirque du Soleil. Malvasía saltó limpiamente de un caballo a otro, y se sentó delante de Cándida.

Clavó las botas sin piedad en los flancos de Terremoto y maniobró con las riendas hasta que la yegua fue frenando, frenando, frenando y por último, se detuvo por completo.

Cándida había vuelto a nacer y Malvasía le había salvado la vida. Las piernas le temblaban tanto al tocar el suelo que se tuvo que sentar de culo.

—Eres la mejor —reconoció admirada.

1 **babear** geifern – 1 **rendirse** s. ergeben – 3 **masticar** kauen – 4 un **jinete** Reiter – 7 **apostar** (o-ue) wetten – 9 **¡Auxilio!** Hilfe! – 14 **a toda pastilla** *coloq* volle Pulle, volle Kanne – 19 **incitar** ermuntern, anspornen – 21 **frenar** bremsen – 21 **estirar** ausstrecken – 22 una **rienda** Zügel – 26 **apartar** weg-, zurückgehen, beiseitegehen – 34 **detenerse** (e-ie) anhalten

Lo decía de corazón. No había impostura ni envidia. Una ganadora como ella sabía cuándo se enfrentaba a una rival más potente y Malvasía era la leche.

Malvasía, impasible ante la admiración de su enemiga, tranquilizó a Terremoto y se dejó caer de culo junto a Cándida.

—Tienes más narices que yo —y metió la cabeza entre las rodillas.

Era lo más parecido a una declaración de amor incondicional. Ambas suspiraron, levantaron la cabeza y se miraron de nuevo, como si se vieran por primera vez.

Fue un amor a segunda vista.

Cuando volvieron los demás, las encontraron riendo y charlando tan amigas.

Incluso parecían amigas íntimas.

3 **es la leche** *Esp coloq* ist der Hammer – 6 **tener narices** *Esp coloq* mutig sein – 7 una **rodilla** Knie

8 La ley de la gravedad

Abril y Pepe eran hermanos y vivían en una casona en las afueras con porche y un jardín alucinante. Así que cuando anunciaron que estaban solos e invitaron a todo el grupo a una barbacoa nocturna, Cándida tragó saliva.

BRUTAL.

Una cena de noche en una casa rústica, con un chico guapo que le gustaba y con un grupo de amigos de diecisiete años. Solos. Sin padres. Haría un reportaje fotográfico del evento y se lo enviaría a Cuca.

—¿Acabaremos muy tarde? —preguntó inocentemente Cándida.

Todos se la quedaron mirando asombrados.

—Acabaremos cuando acabemos.

—Y si no acabamos, no acabamos.

Cándida sonrió incómoda. Había hecho una pregunta de niñita de catorce años. Estaba claro que a los diecisiete nadie tenía hora de regreso.

—No lo mires tanto—le susurró Malvasía.

Cándida enrojeció.

—¿A quién?

—No estoy ciega. Estás colgadísima de Jan.

Cándida enrojeció más. Suerte que le daba el sol y nadie se fijaba.

—¿Se me nota mucho?

—Muchísimo.

Cándida aprovechó que había salido el tema para hacer prospecciones.

—Y tú crees que…

—No.

Malvasía había sido implacable. Era un NO sin fisuras.

—Quieres decir que…

—No.

—¿Por qué?

—Jan pasa de las tías.

—Es…

—No, no es gay. Pasa de liarse.

2 un **porche** Vorhalle, Veranda – 18 **susurrar** flüstern – 21 **colgado** *Esp coloq* verknallt – 27 la **prospección** Sondierung, Ermittlung – 30 **implacable** unerbittlich – 30 **sin fisuras** „ohne Risse", kategorisch – 34 **pasar de** *coloq* kein Interesse haben, egal sein

—¿Cómo lo sabes?

—Yo lo intenté el año pasado. Soy buena tirando la caña, pero me aburrí. Es una ameba.

Malvasía era sincera y admitía un fracaso. Cándida trató de convencerse de que el intento frustrado de Malvasía no quería decir nada. Malvasía era guapa y simpática, pero seguramente no era el tipo de Jan. Quizá era un romántico y no se liaba con cualquiera. Quizás estaba esperando a la chica ideal. Quizás esa chica era ella.

A la postre, ligarse a un chico especial y diferente era un reto, cuanto más difícil más emocionante. A Cándida le apasionaban los retos.

—¿Lo piensas intentar?

—No me rindo a la primera.

Malvasía se portó como una amiga.

—Ya te ayudaré.

Con Malvasía de aliada todo sería más fácil.

Nunca había tenido una amiga tan experimentada de la vida. Sonia a su lado era una principiante lastimosa.

Cándida quiso estar segura de que no la traicionaría.

—¿Ya no te gusta Jan?

—Ni me gustaba. Era para darle celos a Pepe.

—¿Te gusta Pepe?

—Me gusta gustar, por eso me gusta. Pepe no se rinde, lleva dos años intentándolo. Tiene narices. Me gustan los tíos con narices.

Cándida intentaba no perder el hilo, aunque detectó que en las relaciones sentimentales de Malvasía había muchos hilos sueltos y un buen nudo.

Al llegar a su casa eligió su mejor vestido de verano. Se puso las sandalias de plataforma, se probó cinco veces el pijama frente al espejo –sin saber si tenía que llevárselo o no–, robó el estuche de maquillaje de su abuela y arañó un toque de rímel y un pintalabios que se metió disimuladamente en el bolsillo. Por último, se roció con perfume.

—¿Vas a una barbacoa o vas a la ópera? –le preguntó su abuela.

Cándida dudó de su aspecto.

2 **tirar la caña** *loc coloq* Männer/Frauen "angeln" – 3 una **ameba** Amöbe – 4 un **fracaso** Niederlage – 10 **a la postre** *loc* letzendlich – 15 **portarse** s. benehmen – 20 **traicionar** verraten – 22 los **celos** Eifersucht – 27 **perder el hilo** den Faden verlieren – 29 **suelto** lose – 29 un **nudo** Knoten – 33 **arañar** kratzen – 33 el **rímel** Mascara – 35 **rociar** besprühen, bestreuen

—¿No encaja?

—Ni lo más mínimo.

—Y el perfume?

—Tumba.

Cándida, resignada, se metió en la ducha, se restregó la piel con jabón y se volvió a cambiar. Esta vez salió de la habitación vestida con shorts, zapatillas y camiseta guay. A pesar de los mosquitos y el frío quería lucir piernas. Su abuela le dió el visto bueno con alguna que otra recomendación.

—Recógete el pelo o se te quemará con la barbacoa y llévate loción antimosquitos.

—¡Uala! ¡Qué morro! –oyó protestar a su hermana pequeña.

—Cuando seas mayor, ya harás barbacoas –replicó la abuela.

Cándida subió a la moto de Malvasía flotando. Se sentía mayor, muy mayor.

Sabía que sería una noche especial. La primera noche en libertad de su vida. Una noche excitante, novedosa, rodeada de amigos y… en compañía del chico que le gustaba.

Escucharía música, reiría, buscaría rincones oscuros para compartir intimidades, secretos, pieles. Sería una noche de amor, la noche de Jan, el chico de las rastas, de la mirada enigmática y la sonrisa franca. Cándida estaba tan arriba que sus expectativas rozaban la Vía Láctea.

Por fin, la moto frenó y Cándida bajó bruscamente a la tierra.

Demasiado bruscamente.

—¡Ya era hora!

—¡Sois las últimas!

—María y Jan no vendrán.

—Han decidido quedarse viendo una peli.

—¿Están liados?

—Eso parece.

—Yo ya me lo olía.

Cándida estaba aturdida, descolocada y furiosa.

No, no podía aceptar que Jan prefiriese una película a ella.

No podía admitir bajo ninguna excusa que Jan eligiera a una chica anodina, tonta y fea como María en vez de a ella.

¡NOOOOOOOOOOOOOOOOOO!

Lloriqueó en silencio a gritos.

1 **encajar** passen – 4 **tumbar** umhauen, niederwerfen – 5 **restregarse** (e-ie) s. (ab)reiben – 8 **lucir** zeigen – 12 ¡Qué **morro** (tienes)! *Esp loc* Du hast echt Nerven! – 22 **franco** ehrlich – 23 la **Vía Láctea** Milchstraße – 34 **aturdido** verblüfft, betäubt – 34 **descolocado** verwirrt – 37 **anodino** nichts sagend, fade – 39 **lloriquear** wimmern

—No deberías haberte hecho ilusiones —murmuró Malvasía al oído—. Ya te avisé.

Y era bien cierto, Cándida había sido avisada y advertida, pero daba lo mismo.

La bofetada había sido brutal y ya se sabe que en caliente era imposible razonar. Con la cabeza fría terminaría por deducir que todo se reducía a la física, a Newton y a la ley de la gravedad.

Cuanto más arriba se sube, más abajo se cae.

5 una **bofetada** Ohrfeige – 8 la **gravedad** Schwerkraft

9 Boca a boca

De buena mañana, Cándida tuvo la certeza de que los agentes de la CIA eran unos aficionados de segunda B comparados con las panaderas y las señoras de La Rioja.

—¿Qué te pasó anoche que volviste tan temprano?

—¿Cómo?

—¿No os teníais que quedar a dormir en la finca de los Perea?

Cándida no daba crédito.

—¿Te pusiste mala? Las montañesas no se ponen malas nunca.

—Te comiste un buen plato de lentejas, las montañesas tenéis buen apetito.

Cándida estaba sencillamente horrorizada. La panadería entera estaba pendiente de ella, la nieta de la montañesa, como la conocían en el pueblo.

—Tengo un poco de prisa.

—¿Y por qué volviste sola y a patita?

—A lo mejor querías hacer ejercicio y adelgazar algo.

—El bikini te viene pequeño, te iría bien perder una talla.

Cándida empezó a mosquearse. Todas las señoras opinaban y metían las narices en su vida.

—Se lo tendrías que haber dicho a Lucas.

—¿Por qué? —preguntó ingenuamente.

—Pues porque le gustas.

Cándida se puso roja. Eso sí que no se lo esperaba.

—¿Yo?

—Sí, niña, sí, que me lo ha dicho Mariola, su tía, que se ve que ayer el chico tuvo un disgusto de los gordos porque te fuiste sin avisar.

Cándida no daba abasto para digerir.

O sea, que la tía de Lucas estaba enterada de que Lucas se había colgado de una chica forastera, la nieta de la montañesa, que todo el pueblo sabía que había cenado un plato de lentejas antes de las once y que llevaba un bikini que le venía pequeño.

No era normal. No era nada normal.

La abuela no pensaba lo mismo.

11 las **lentejas** Linsen – 14 **estar pendiente** de aufpassen, sich kümmern – 17 **a patita, a pata** *coloq* auf Schusters Rappen – 18 **adelgazar** abnehmen (Gewicht) – 19 la **talla** (Konfesktions)größe – 20 **mosquearse** *Esp* einschnappen, sauer sein – 23 **ingenuo** naiv – 28 un **disgusto** Ärger – 30 **dar abasto** *loc* nicht fertig werden – 30 **digerir** (e-ie) verdauen (*a. fig*)

—Esto es un pueblo, Cándida. Se sabe todo.

—No puede ser que se sepa lo que he cenado, con quién he hablado, qué bragas llevo puestas y qué chico me mola.

—A veces tiene su lado bueno.

Cándida estaba demasiado ofuscada para entender el significado oculto de la frase. Tenía otra preocupación más urgente.

—Me tengo que comprar un bikini nuevo. Este es del año pasado y me aprieta.

Su abuela no discutió y le dio el dinero. Cándida confirmó su sospecha. Aquello no era un chisme, era una verdad a gritos. La nieta de la montañesa llevaba un bikini pequeño.

Con el dinero en la mano, Cándida llegó a la tienda de Queta con diez minutos de retraso según la hora prevista.

Queta, tal y como esperaba, la atacó sin preámbulos.

—Hola, guapa. ¿Ya estás recuperada de ayer? Me dijeron que no te quedaste a la cena.

Cándida puso los ojos en blanco pero, de repente, recordó la frase enigmática de su abuela y dijo:

—Me quedé poquito, sí… Pero quien no apareció fue María. ¿Se lo pasó bien anoche?

Queta cayó en la trampa.

—Pues no mucho, la pobre, se ve que había quedado con Jan para ver una película, pero Jan prefirió quedarse a jugar al ajedrez con su padre.

El cuerpo astral de Cándida flotó por la tienda bailando mientras la Cándida de carne y hueso elegía, sin ningún remordimiento, el bikini más caro.

Con aquel bikini azul casi negro Jan nunca más preferiría jugar al ajedrez con su padre, se dijo.

Aquella mañana en la piscina Cándida, muy segura, se acercó a la pandilla de la plaza con el bikini puesto y se dio cuenta de que, por lo menos, cuatro pares de ojos se quedaban embobados mirándola. Los de Lucas, los de Marco, los de Pablo y… los de Jan. Lucas, muy galante, se interesó por su integridad. O, al menos, esa era la excusa.

—¡Cándida! ¿Ya estás recuperada?

Cándida no dijo ni que sí ni que no. Suspiró y ensayó una media sonrisa ladeada. Jan dio un paso hacia ella.

3 unas **bragas** *Esp* Schlüpfer – 5 **ofuscar** (ver)blenden – 9 **apretar** (e-ie) drücken – 11 un **chisme** Klatsch, Gerede – 28 un **remordimiento** Gewissensbiss – 34 **Estar/quedarse/ mirar embobado** starren, glotzen – 39 **ladeado** schief

—Déjame revisar cómo tienes las quemaduras —insistió repasándola de arriba abajo.

Cándida no pudo resistir la tentación de jugar a médicos o, en ese caso, a hijos de farmacéutico con aficiones médicas. Y le ofreció un brazo, como si fuera un regalo. Jan le tomó la mano con interés científico y le resiguió con su mano una pequeña herida en el dedo. Cándida disfrutó de una descarga eléctrica maravillosa.

—Cicatrizas muy bien. Tienes encarnadura de niña.

Le sonó a «Qué carne más dura, niña».

—¿A ver? —Lucas le cogió el otro brazo para no ser menos y también le resiguió un par de marcas diminutas.

Y no hay nada como sentirse deseada para hacerse la interesante. Cándida recuperó sus dos brazos manoseados y sonrió a diestro y siniestro sin quitar ojo a Jan. Teatralmente, como si entrara en escena, extendió su toalla en la cancha de baloncesto. Jan puso la toalla a su lado izquierdo y Lucas a su lado derecho. Pocos segundos después, María se instaló a la izquierda de Jan. El juego había comenzado.

Cándida se esforzaba para controlar si entre María y Jan había contacto físico o no, pero no vio ninguna mano sospechosa en el muslo equivocado ni cazó ningún beso furtivo. De vez en cuando se colaba en su visión periférica el cuerpo larguirucho de Lucas, que desde el otro lado la invitaba a patatas, la salpicaba o le ponía bien la toalla. Era una sensación dulce de la que no había disfrutado nunca. Estaba justo en medio de dos chicos. Era evidente que Lucas estaba interesado en ella. No era tan evidente si Jan también .¿Qué inventaría para llamar su atención?

Pero no fue necesario. Se montó una pelea para lanzarse mutuamente al agua y meterse mano.

—¡Al agua! —gritó Pepe empujando la masa humana hacia la piscina.

María aprovechó la excusa para agarrarse a Jan. Cándida no quiso ser menos, pero pronto sintió un montón de manos sobre ella. Imposible saber cuál era de quién. Cándida cayó y fue a parar al fondo de la piscina. De pronto, se dio cuenta horrorizada de que el bikini nuevo le había resbalado piernas

4 la **afición** Neigung – 6 **reseguir** (e-i) glatt schleifen/streicheln – 9 **cicatrizar** vernarben – 9 **tener buena/mala encarnadura** gut/schlecht heilendes Gewebe haben – 15 **a diestro y siniestro** kreuz und quer – 22 un **muslo** Schenkel – 23 **furtivo** heimlich – 23 **colarse** (o-ue) s. hineinschleichen – 30 una **pelea** Kampf – 32 **empujar** schieben, drängen

abajo. Lo pilló de milagro y se lo intentó poner rapidito sin acabar de acertar la pierna correcta mientras sentía cómo se iba mareando, mareando, mareando.

Justo cuando se sentía sin fuerzas para llegar a la superficie, logró colocárselo. En ese mismo momento notó la presión de unas manos en la cintura que la arrastraron hacia arriba y la empujaron hacia la vida. Finalmente, pudo sacar la cabeza fuera del agua y respirar.

¡¡Oxígeno!!

Sus pulmones, deseosos de oxígeno, se llenaron demasiado deprisa y comenzó a toser.

—¡Ya está! ¡Ya la tengo! ¡Está viva!

Cándida se relajó y cerró los ojos. Su salvador la transportó en brazos, la extendió sobre una toalla y se agachó sobre ella. Sintió el peso de un cuerpo masculino, la presión de una mano encima de su nariz y, de inmediato, el calor de unos labios calientes sobre sus labios. A continuación… un soplo de vida, una bocanada de aire de una boca contra su boca. Se dejó hacer y pensó que era bonito ahogarse.

Una voz le susurró al oído.

—¿Estás mejor?

¿Qué iba a decir? Estaba mejor que nunca. Estaba en la gloria.

Abrió los ojos despacio, muy despacio, sin saber qué se encontraría y sin saber quién era su salvador. De pronto tuvo una visión. Ojos de fuego y labios de miel. Las rastas le hacían cosquillas en las mejillas y la mano morena de Jan le acarició el cabello.

Cándida murmuró temblorosa:

—Todavía no puedo respirar bien.

Y volvió a cerrar los ojos para seguir siendo besada.

Se había aficionado a las mentiras. Y en vista de las consecuencias, no le salían tan mal.

1 **pillar** erwischen, fangen – 2 **acertar** (e-ie) treffen – 2 **marearse** jdm schwindelig werden – 4 la **superficie** Oberfläche – 6 la **cintura** Taille – 6 **arrastrar** ziehen, schleifen – 10 los **pulmones** Lunge – 14 **agacharse** s. bücken – 17 un **soplo** Hauch – 18 una **bocanada** (de aire) Windstoß – 25 un **salvador** Retter – 26 hacer **cosquillas** kitzeln – 27 una **mejilla** Wange – 27 **acariciar** streicheln

10 Álgebra amorosa

La foto de Cándida resucitada la petó en internet. En pocas horas se convirtió en un fenómeno viral que las amigas fueron haciendo correr por la red. Al día siguiente volvió al móvil de Cándida, llena de comentarios algo malintencionados.

Lo valía. Era una foto definitiva, rotunda y sin fisuras.

Jan besándola en primer plano.

No había Photoshop ni trampa ni cartón. Tenía el sello de la autenticidad impreso.

Cuca Según, desde Dublín, callaba como una muerta y Cándida sospechaba que aún no se había repuesto del berrinche. Tendría que asumir el triunfo de su rival.

Si bien este era el consuelo de Cándida, la realidad, sin embargo, era muy diferente.

Tras el beso no pasó nada más. Ni por la tarde ni por la noche, ni *the day after.* El beso se diluyó en el olvido y fue sustituido por la versión de los hechos que María se apresuró a difundir. Según ella, había sido un «acto de salvamento» de Jan, un chico valiente.

—Es que Jan tiene el título de socorrista —iba aclarando con amabilidad.

Aun así, Cándida sabía desde su yo más instintivo y primario que el boca a boca de Jan no había sido funcional ni profesional.

Aquella tarde, con la ayuda de Malvasía, Cándida se propuso analizar en frío la situación.

—A ti te gusta Jan, tú le gustas a Lucas, a María le gusta Jan y la incógnita es saber quién le gusta a Jan. A veces parece que se decante por María, y a veces parece que vaya por ti.

—Ya —respondió Cándida abrumada por la inteligencia amorosa de Malvasía.

—Debemos resolver la incógnita o también podríamos intentar modificar e incluso invertir la relación de los otros factores.

—¿Qué?

—Si conseguimos que a María le guste Lucas en lugar de Jan, resolveremos un factor molesto.

1 **petar(la)** *Esp coloq* gefallen – 5 **rotundo** entschieden, kategorisch, stark – 7 **sin trampa ni cartón** *loc* ohne doppelten Boden – 7 un **sello** Siegel – 11 un **berrinche** *coloq* Wutanfall – 11 **asumir** akzeptieren, erkennen – 14 **tras** *schrift* nach – 15 **diluirse** s. auflösen – 17 un **salvamento** Rettung – 19 un/a **socorrista** Bademeister – 27 **decantarse** por s. (nach reiflicher Überlegung) entscheiden – 29 **abrumar** erdrücken

—Pero… ¿Cómo lo hacemos?

—Muy fácil, haciéndole creer que a ti te gusta Lucas y no Jan.

—¿Queeé?

—¿Qué crees? ¿Que le gusta Jan?

—Por supuesto.

—Y un huevo. Lo hace para fastidiarte a ti.

Cándida no entendía nada.

—María nunca se había fijado en Jan, se fijó en ti. Y no le gustaste nada.

Cándida no se lo podía creer. Le costaba aceptar que alguien fuera tan retorcido. Pero lo aceptó.

—De acuerdo. Si yo engaño a María y le hago creer que me gusta Lucas, automáticamente María irá a por Lucas. ¿Es eso?

—Exacto.

Malvasía la abrazó excitadísima.

—Será muy divertido.

Las fiestas de Haro, legendarias en toda la comarca, se presentaron como una ocasión única. Malvasía supo, antes de que se hiciera público, que Jan se quedaría trabajando en la farmacia de su padre y urdió un plan perfecto.

Cándida apareció en el aparcamiento donde había quedado la peña para distribuirse en coches y motos y le hizo un guiño a Lucas.

—¿Me llevas con tu moto?

Lucas, saliéndose de la emoción, le acercó un casco integral.

—Te tendrás que agarrar muy fuerte.

María, un centímetro detrás de ella, reaccionó inmediatamente.

—¿Y yo? —protestó con insolencia. —Yo también quiero ir en moto.

—Puedes ir con el coche de Pepe —respondió Lucas—. Voy a la gasolinera y ahora vuelvo, espérame —dijo a Cándida mientras arrancaba la moto.

Mientras Lucas iba a poner gasolina, Cándida se volvió hacia María con una mueca de complicidad.

—Me tienes que hacer un favor —dijo en un susurro.

—Me encuentro fatal, estoy resfriada y temo estropearos la noche.

—Pues quédate —dijo María sin ningún escrúpulo.

7 **importar un huevo** *loc vulg* scheißegal sein – 12 **retorcido** hinterlistig – 13 un **engaño** Betrug – 23 un **guiño** Augenzwinkern – 26 un **casco** Helm – 27 **agarrarse** s. festhalten – 34 **arrancar** anlassen, starten – 36 una **mueca** Grimasse – 38 **estropear** verderben

—No puedo. Si digo que me quedo, Lucas también se querrá quedar a hacerme compañía y me da mal rollo que se pierda las fiestas de Haro por mi culpa.

A María le chisporrotearon los ojillos.

—¿Tú podrías hacerte pasar por mí?

María dio un saltito de emoción que la traicionó. Pero disimuló.

—A mí no me gusta engañar a nadie. Soy muy legal.

—Pero eres una buena amiga. ¿A que sí?

La buena amiga movió la cabeza con el convencimiento de que lo era.

—Tú te pones mi casco y mi cazadora y vas a Haro con él, en la moto. Una vez allí lo convences para que se quede —sugirió Cándida.

María tragó saliva.

—¿Y… luego?

—No lo pierdas de vista. Lucas es muy guapo y estoy loca por él.

María asintió.

—¿Puedo confiar en ti?

María no dudó ni una microdécima de segundo.

—Pues claro que puedes confiar en mí.

Y se abrazaron como buenas enemigas en un abrazo traidor y malintencionado.

Cándida, escondida en un portal, vio partir las motos y cruzó los dedos.

Una vez se aseguró de que el grupo se había ido se dirigió hacia la farmacia. Pero de camino recibió un desconcertante wasap de Malvasía.

Malvasía: *Abort mision! Jan no está en la farmacia, me lo ha dicho su padre.*

Cándida: *Y dónde está?*

Malvasía: *Se ve que ha quedado con una "amiga"…*

Cándida tragó saliva.

Candida: *Una "amiga"? Por que las comillas?*

Malvasía: *Porque él ha dicho "amiguita".*

Oh no! "Amiguita" sonaba infinitamente peor que amiga… Cándida apagó el móvil. Ahora lo entendía todo, ¿como había podido ser tan burra? Jan tenía una amiguita, por eso no había ido a las fiestas de Haro.

2 **dar mal rollo** *Esp coloq aquí:* ich finde es doof, es wäre ärgerlich – 4 **chisporrotear** Funken schlagen – 23 un **traidor/a** Verräter/in – 27 **una vez** nachdem – 28 **desconcertante** verblüffend – 39 **burro/a** *coloq* dumm, albern

Llegó a casa derrotada y con la intención de no salir de la cama lo que quedaba de verano, pero su abuela la interceptó en el pasillo.

—¿Qué haces aquí?

—Es mi casa, ¿no?

—Pero ¿no te ibas a Haro de fiestas? Creía que estabas con los demás.

—No me encuentro bien.

Su abuela no lo dudó, tenía un aspecto lastimoso.

—Pues mal día has elegido.

—¿Por qué?

—Aprovechando que no estarías he dejado que tus hermanos invitaran a un amigo cada uno a cenar.

Cándida se dio cuenta de que molestaba. De que era un estorbo porque sus hermanos hacían planes guays cuando ella no estaba y hasta su abuela la consideraba un elemento discordante. Y, como es natural, se sintió herida en su autoestima.

Cándida quería sangre y sus hermanos le servían la ocasión en bandeja.

El primero fue Gustavo acompañado de su amigo clónico, Miki. Se puso blanco al ver a Cándida.

—¡Cándida! ¿Qué haces aquí?

—¡Ajá! Me he enterado de que ibais a celebrar una fiesta sin mí. ¿No pensabais invitarme?

—No, yo, lo siento, era para no molestar y…

—Pues demasiado tarde, haberlo pensado antes, ahora ya la has cagado.

Cándida disfrutaba de lo lindo haciendo el papel de hada malvada de la Bella Durmiente. Estaba a punto de pronunciar su maleficio cuando la puerta se abrió y apareció Alicia acompañada de su AMIGUITO.

La enana no pareció nada intimidada por la presencia de Cándida.

Su amiguito sí. Cándida también.

—Hola, Cándida, creía que estarías en Haro. —musitó Jan.

Cándida lo miró, miró a Alicia y lo entendió todo. Así pues, era cierto lo de la "amiguita". Alicia hizo las aclaraciones oportunas.

1 **derrotar** schlagen, besiegen – 9 **dudar** zweifeln – 15 un **estorbo** Last, Störung – 17 **discordante** abweichend, unharmonisch – 17 una **herida** Wunde – 18 la **autoestima** Selbstwertgefühl – 20 **en bandeja** *fig* auf dem Tablett – 28 **cagarla** *vulg* etw versauen – 29 **de lo lindo** *coloq* ordentlich – 29 un **hada** *f* Fee – 31 un **maleficio** Fluch, Zauberspruch – 36 **musitar** flüstern

—He invitado a Jan a cenar porque es muy simpático y me ayuda a buscar bichos. Hoy hemos encontrado tres arañas, una mariquita y un ciempiés. Los traigo aquí.

Y le mostró un bote asqueroso lleno de bestias muertas flotando en alcohol. Cándida se mareó. Aunque no sabría decir por qué. Quizás porque Jan dio un paso hacia ella y la besó en cada mejilla.

—Me alegro de que estés aquí —dijo.

—Yo también —contestó Cándida de todo corazón.

Quizás aquella había sido la única verdad que había pronunciado a lo largo de todo el día.

—¡Pero es mi amigo! —reclamó Alicia al tiempo que tomaba a Jan de la mano, al ver amenazada su propiedad.

Cándida estaba condenada a las trilogías.

2 un **bicho** *coloq* kleines Tier, Viech – 2 una **araña** Spinne – 3 una **mariquita** Marienkäfer – 4 un **bote** Dose – 14 **condenado a** verdammt, verurteilt

11 La familia Durrell

La cena con Jan había valido la pena. Le había reportado tres sonrisas deslumbrantes, dos miradas de vértigo y una cita para el día siguiente.

Lástima que la cita del día siguiente no fuera una cita a solas. Ni siquiera era una cita a la que estuviera invitada Cándida. En realidad, era una cita de Alicia y Jan para ir a buscar bichos al bosque. Pero Cándida, sin ningún remordimiento, se había autoproclamado coleccionista de bestias del bosque y se había autoañadido a la expedición.

Jan, que no era malpensado por naturaleza, se lo creyó.

—Sois como la familia de Gerald Durrell.

Cándida sonrió, pero no tenía ni idea de quién era el tal Gerald. Lanzó un SOS visual a Gustavo y Gustavo, como buen hermano friki, le echó un cable.

—Oh, sí, Cándida me regaló *Mi familia y otros animales,* el libro que escribió Gerald Durrell cuando él y su familia pasaron un año en la isla de Corfú. Allá comenzó su afición por el naturalismo.

Cándida respiró agradecida. Gustavo estaba bien entrenado.

Jan dedicó a Cándida una de las tres sonrisas de la noche.

—Yo no tengo hermanos, pero si los tuviese, les regalaría ese libro.

Ella respondió con una sonrisa de asentimiento y Alicia metió la gamba.

—Cándida nunca me regala nada, es un asco tener hermanos como Cándida.

La patada acertó a la primera el tobillo de Alicia, que se revolvió con una fiera.

—¡Me has pegado! Se lo diré a mamá cuando me llame, me dijo que si me pegabas, se lo dijera.

Cándida contó hasta tres y durante ese corto intervalo de tiempo decidió que no valía la pena perder un minuto domesticando a alguien como Alicia. Lo más práctico sería eliminarla.

Sin embargo, la necesitaba. Lo descubrió la tarde del día siguiente.

—¡Jan es mi amigo y yo quiero ir al bosque con él!

2 **deslumbrante** blendend, beeindruckend – 14 **echar un cable** *loc* jdm einen Notanker zuwerfen – 23 el **asentimiento** Zustimmung, Einwilligung – 24 **meter la gamba** *loc coloq* ins Fettnäpchen treten – 27 una **patada** Fußtritt – 27 un **tobillo** Knöchel – 29 **pegar** schlagen

Alicia era terca y no había forma humana de comprarla. Cándida había hecho diferentes intentos de soborno a lo largo del día. Era inútil y se le acababa el tiempo. Jan llegaría en media hora.

—Muy bien, tú ganas, mi habitación por una noche y diez euros. Cuando estemos en el bosque te largas y desapareces.

La habitación de Cándida era más grande, más luminosa y más aislada que la de Alicia.

—Por tres noches y veinte euros.

—Dos noches y quince euros.

—Tres noches y quince euros —regateó Alicia, que ya había aprendido.

Dos minutos más tarde y quince euros más pobre, Cándida partió hacia el bosque en compañía de su hermanita pequeña y de Jan. Llevaba una mochila con merienda por si tenían hambre, agua por si tenían sed, chaquetas por si tenían frío y bolsas para meter bichos. Quería estar alegre, pero la presencia de Alicia, en medio de ambos y agarrada a la mano de Jan, lo distorsionaba todo.

—Hoy cazaremos serpientes, se lo prometí a Alicia —le comunicó Jan.

—¿Serpientes? —murmuró Cándida—. ¿Quieres decir que hay serpientes por aquí?

—Y tanto, está lleno.

—¿Y cómo es que yo no he visto nunca ninguna?

—Porque no miras —respondió Alicia siempre tan simpática.

—Porque no te has fijado —respondió Jan, más delicado pero queriendo decir lo mismo.

—¿Venenosas? —preguntó con un hilillo de voz.

—No, no son peligrosas, son serpientes y basta. Hay gente a la que le dan asco.

Jan acababa de dejar claro que a Cándida no. Que Cándida estaba hecha de la pasta de los elegidos, como Alicia, que deseaba tener una serpiente en la habitación y dormir enroscada con ella.

Cándida cerró los ojos y respiró profundamente. Quizá tendría que activar el plan B antes de que Jan pillara ninguna culebra o boa constrictor o vete a saber.

1 **terco** stur – 2 un **soborno** Bestechung – 11 **regatear** feilschen – 15 la **merienda** Vesper, Brotzeit – 19 **distorsionar** verzerren, deformieren – 20 una **serpiente** Schlange – 30 **con un hilo/hilillo de voz** mit dünner Stimme – 36 **enroscado** gewendelt – 39 una **culebra** Schlange – 39 **vete a saber** *coloq* wer weiß

El plan B era idea de Malvasía. Se trataba de caer al suelo, gemir y fingir una torcedura de tobillo. Según Malvasía, no fallaba nunca. Antes, sin embargo, tenía que deshacerse de Alicia.

—¡Lárgate! —susurró Cándida con mucho disimulo.

—¡Quiero una serpiente! —protestó Alicia.

Estaba visto que no se la quitaría de encima hasta que tuviera su presa. Así pues, cambió el orden de los acontecimientos. Primero la serpiente, luego solos y finalmente la torcedura de tobillo. Estaba chupado.

—Estoy impaciente —dijo sin mentir.

Jan, misterioso, echó un vistazo a su alrededor haciendo visera con las manos y detectó una zona posible.

—Venid conmigo, poneos detrás de mí y no hagáis ruido.

A pesar de que la estúpida aventura de la serpiente no le hacía ninguna gracia, Cándida reconoció que era emocionante seguir a Jan sigilosamente en medio de un bosque de pinos.

Jan se detuvo frente a una pared medio derruida de piedra. El sol pegaba duro. Jan caminó en silencio hacia el muro. Alicia le siguió a un metro. Cándida a dos. Jan se detuvo ante las piedras, se agachó y miró de soslayo entre las rendijas. De pronto metió la mano en un pequeño agujero y segundos después dio un grito y levantó triunfal el brazo. Había apresado por la cabeza a una pequeña serpiente que se revolvía luchando por escapar.

Cándida estaba muda de la impresión.

—¡Ualaaaaa! —gritó Alicia—. ¡Cómo mola!

Y Jan la metió dentro de una bolsa que llevaba. Cándida respiró. Primera parte de la tarde resuelta. Ya tenían la serpiente. Ahora había que poner en marcha el siguiente plan: la hermanita a freír espárragos.

—Anda, vete —susurró sin que Jan lo oyese.

—Cinco euros más —tuvo el morro de pedirle su hermana.

Cándida miró a Jan, miró a Alicia y suspiró. Era tan guapo... no tuvo más remedio que meterse la mano en el bolsillo y sacar un billete arrugado. El último que le quedaba.

—¡Aire! ¡Ya!

Fue magia. Alicia se esfumó, literalmente, como si se la hubiera tragado la tierra.

2 **gemir** (e-i) stöhnen – 8 un **acontecimiento** Ereignis – 10 **estar chupado** *Esp coloq* (kinder)leicht sein – 17 **sigiloso** verschwiegen, diskret – 18 **derruir** niederreißen, zerstören – 22 una **rendija** Spalte, Ritze – 22 un **agujero** Loch – 25 **luchar** kämpfen – 31 **¡Vete a freír espárragos!** *loc* scher dich zum Teufel!

—¿Y Alicia? —preguntó Jan.

—Ha dicho que quería unas mariquitas y se ha ido —mintió Cándida.

Jan pareció desconcertado. Pero solo fueron unos instantes, enseguida se dirigió a Cándida.

—¿Y a ti qué te gustaría hacer? —preguntó con una mirada oscura y cautivadora.

Cándida no sabía si la pregunta era directa, simbólica, metafórica o solo estúpida. ¿Qué le gustaría hacer? ¿Quizás no se le veía en la cara lo que le gustaría hacer? ¿Había que preguntarlo?

Pensó qué respuesta tendría Malvasía. Y Sonia. Y Cuca… No sacó nada en claro. Respondió simplemente Cándida.

—Dar un paseo por el bosque, tú y yo… y conocernos mejor.

Jan malinterpretó lo del conocimiento y empezó a caminar a buen paso y a hablarle de su niñez.

—En realidad, nací en Cambridge y no vine aquí hasta que tenía tres años.

—¿Eres inglés?

—Por parte de madre.

—¿No te llamarás Durrell?

Jan rio con ganas.

—Me apellido López Barker.

Y su acento, al pronunciar Barker, era impecable.

—Qué original.

—¿El qué?

—Ser medio inglés y llamarse Barker.

Apenas lo hubo dicho, Cándida tuvo la certeza de que era una observación idiota, pero ya estaba dicho.

—Supongo que para los otros sí, para mí es normal.

Cándida empezaba a estar cansada de formalismos y quiso pasar a la acción. Era el momento de caer al suelo y gemir. Lástima que otros se le adelantaran.

—¡Ahhhhh! —se oyó.

Jan se detuvo y Cándida tropezó con él y la serpiente. Dio un salto involuntario atrás. Por la serpiente, claro.

—¿Qué ha sido eso? —preguntó intrigada.

Era un gemido de chica. Un gemido indefinido. Un gemido agónico.

—¡Vamos! —reaccionó Jan.

7 **cautivador** fesselnd, verführerisch – 28 **hubo + PART** (*pretérito anterior, kaum benutztes Vergangenheitstempus, fast immer in der Bedeutung:*) kaum hatte er/sie … – 35 **tropezar** (e-ie) stolpern – 36 un **salto** Sprung – 39 **agónico** Todes-

La tomó de la mano y la arrastró con él en una carrera rápida a través del bosque.

—Alguien necesita ayuda —murmuró mientras corrían hacia la zona de donde provenían los gritos.

Pero nadie necesitaba ayuda. La escena era tópica y típica. Una pareja besándose. La joven, escandalosa, era la causante de los gemidos. Al girar, le pudieron ver la cara. Era María. El chico, qué casualidad, era Lucas.

En ese instante, Lucas intentaba desabrochar el sujetador de María sin éxito.

—¡Tonto! —exclamó ella apartándole las manos—. ¡Me has hecho daño!

Cándida, hipnotizada por la escena, no reparó en cómo la serpiente se deslizaba de la bolsa y se arrastraba despacio hacia la pareja.

—¡Así no!

Cándida y Jan intercambiaron una mirada cómplice y sin poder aguantarse rieron por lo bajo. Dieron media vuelta en silencio y se alejaron lentamente de la pareja.

—Son patéticos —dijo Jan—. A quién se le ocurre venir al bosque a meterse mano.

Cándida comprendió a la velocidad de la luz. A Jan no le gustaba el bosque como lugar de citas. Jan consideraba patético encontrarse en el bosque.

Y mientras pensó en una nueva estrategia, se oyó un grito desgarrador.

—¡Ahhhhhhhhh!

—¡¡¡Una serpiente, quítamela!!! ¡¡¡Quítamela de encima!!!

Jan levantó la bolsa y comprobó estupefacto que estaba vacía. Y sin pensarlo dos veces, corrió hacia el claro donde segundos antes yacía la pareja que en esos momentos ya había salido en dirección contraria. Cándida le siguió resoplando.

—¡Ya la tengo! —exclamó Jan mientras se lanzaba en pos de una mancha escurridiza.

La caza habría sido buena de no ser por las raíces semiocultas de un pino, que le hicieron caer de bruces.

Cándida asistió a la caída de Jan como si estuviera asistiendo a una función de teatro escolar. No sabía si reír, aplaudir o simplemente callar.

9 **desabrochar** aufschnallen, aufhaken – 9 un **sujetador** *Esp* Büstenhalter – 12 **hacer daño** verletzen – 14 **deslizarse** (hinaus)gleiten – 29 **estupefacto** sprachlos, verblüfft – 31 **yacer** liegen – 32 **resoplar** schnauben – 33 **ir en pos de** uc hinter etw hergehen

—¡La serpiente! ¡Se escapa! ¡Cógela!

Jan estaba en el suelo y le pedía que cazara a la serpiente. Cándida computó la orden, miró a su alrededor con ojos láser y vio la mancha oscura a punto de colarse entre la hojarasca. Pero ella fue más rápida y la pilló por la cabeza, como había hecho Jan antes. Aunque intentara morderla, la tenía inmovilizada.

—¡Ya la tengo! —gritó entusiasmada, a la vez que mostraba su primera pieza de caza.

—Vigila que no te muerda.

—¡Pobre de ella! —musitó Cándida sintiéndose poderosa por retener a un animal vivo y peligroso entre las manos. Se acercó hacia Jan y le ofreció la serpiente.

— Ten.

Jan abrió la bolsa y el animal quedó prisionero. Todo volvía a estar igual que antes.

Igual no.

Jan se había torcido el tobillo y no se podía mover.

—¡Ayyyy!

—¿Dónde te duele? ¿Aquí? ¿Aquí? ¿Aquí?

—¡Ayyy!

—¿Te doy un masaje?

La situación era la que había previsto Malvasía, pero al revés. El problema era que Cándida no podía llevar a Jan en brazos.

—Apóyate en mi hombro. Así.

Jan se abrazó a Cándida y se apoyó en ella pasando el brazo sobre su hombro. Cándida le rodeó la cintura con una mano y dio unos pasos de prueba.

—¿Te duele mucho?

—Contigo a mi lado no —pronunció Jan lenta, cálidamente, con una voz que electrizó la piel de Cándida.

Era un momento especial. Cándida levantó la cabeza y se sintió literalmente agujereada por los ojos de Jan. Quemaban.

—Eres fantástica.

La magia se había instalado entre ambos. Por fin.

Ella parpadeó una vez, dos, tres y levantó con gesto tímido los labios.

Los grillos callaron. La serpiente se quedó inmóvil. El tiempo se detuvo.

Era un instante perfecto.

4 **colarse** (o-ue) s. durchschleichen – 4 la **hojarasca** (dürres) Laub – 10 **vigilar** achten, aufpassen – 25 **apoyar/se** s. stützen, s. lehnen – 36 **parpadear** blinzeln

Habría sido perfecto, de no ser por la vocecita aguda de Alicia que lo arruinó todo.

—¡¡¡Eoooo!!! ¡¡¡Estoy aquí arriba!!! ¡¡¡No puedo bajar!!! ¡¡¡Ayudadme!!!

Cándida maldijo a su hermana, a la familia Durrell y a las series de la televisión que enseñaban a los niños y niñas a trepar a los árboles para construirse cabañas.

La vuelta fue poco heroica y nada romántica.

Una serpiente medio aturdida, una hermana insolente y un chico con el tobillo dislocado.

Sin embargo, quería ser positiva.

Buscó motivos para ser positiva y encontró dos:

1.- Estaba capacitada genéticamente para cazar bestias.

2.- Entendía por qué Jan le resultaba incomprensible: era inglés por parte de madre.

5 **maldecir** (ver)fluchen – 7 **trepar** klettern – 7 una **cabaña** Hütte – 9 **aturdido** betäubt, benommen

12 La noche más larga

Después de las fiestas de Haro se celebraban las fiestas de Cala. Las de Cala eran más guays que las de Haro. Había más marcha, más gente y tocaban conjuntos más cañeros. Esta vez, Cándida no estaba dispuesta a perdérselas.

Todo apuntaba a una conjunción astral favorable.

1.- Jan ya se había recuperado del tobillo.

2.- Jan había anunciado que, esta vez sí, se añadía a la pandilla.

3.- Lucas y María iban por el mundo pegados y absortos el uno en la otra y viceversa.

4.- No había hora de regreso. Hasta podía decidir no regresar.

5.- No habría ninguna Alicia.

En teoría, todo se presentaba fácil.

Pero Cándida sabía por experiencia que liarse con Jan no era nada fácil.

Malvasía, especialista en recetas amorosas, le dijo que los festivales iban de coña para ligar. Había ruido y mucha gente, lo cual favorecía la cercanía. Según Malvasía, la táctica comenzaba con el paso número uno, durante el cual se trataba de incorporarte a la marea humana, dar la mano al chico en cuestión y arrastrarlo en dirección opuesta a la peña para perderte de forma natural e instantánea. En medio de tantos desconocidos era más o menos como estar solo. El paso número dos consistía en fingir que bebías más de la cuenta. Si bebías más de la cuenta, podías decir inconveniencias, ser descarada y dar el paso número tres, que se resumía en tomar la iniciativa de besarlo. Con los chicos indecisos y tímidos funcionaba. Si no, resultaba muy sencillo excusarte con un «¿Qué he hecho? Estoy muy borracha». Y al día siguiente simular que no recordabas nada de nada con un «¿Qué pasó ayer?».

A Cándida le pareció genial.

La noche en cuestión se disfrazó de festivalera y se puso el vestido estampado sin mangas y las sandalias de plataforma, se roció de colonia Eau Pasión y se pintó los labios y los ojos, aunque sin exagerar. Se presentó al parking donde habían quedado para distribuirse en los tres coches disponibles y

3 **cañero** *Esp coloq* mit starkem Sound – 9 **absorto** vertieft – 17 **de coña** *Esp coloq* spitze – 20 una **marea humana** Menschenflut – 26 **descarado** frech, unverschämt – 27 **tímido** schüchtern – 33 **disfrazarse** s. verkleiden – 34 **estampado** bedruckt – 37 **disponible** verfügbar

comprobó aliviada que esta vez Jan sí estaba y que compartiría trayecto con ella en el coche de Pepe.

Todo empezaba de fábula. Lástima que Cala no estuviera un poco más lejos. Apenas media hora de trayecto celestial y el coche frenó.

«Ahora comienza lo mejor», se dijo Cándida al saltar del coche. La alegría resultaba contagiosa. No le costó mucho reír, saltar y sentirse feliz.

En modo fiesta, cogió a Jan de la mano y le propuso beber algo. Jan accedió y la invitó a cerveza. Cándida fingió que daba un trago, se rió ostentosamente, y anunció que la cerveza le subía a la cabeza muy deprisa.

Y Jan le creyó.

Después de tres tragos de cerveza más, Cándida arrastró alegremente a Jan en dirección contraria hacia donde había ido la peña.

Y Jan se dejó engañar.

Todo funcionaba de maravilla.

Con dos tragos de cerveza más arrancó a bailar, con otro sorbito obligó a Jan a acompañarla, se abrazó a Jan con un entusiasmo real y lo besó fugazmente.

—Perdona, estoy un poco borracha —dijo por si acaso.

Pero Jan no se molestó y le sonrió. Por ello, una vez perdida la vergüenza, Cándida se lanzó al ataque con descaro.

—Es que me gustó tanto cuando me hiciste el boca a boca.

Jan dejó caer su cerveza, la rodeó por la cintura y la fue acercando despacio hacia él.

—¿Te estás ahogando?

Con las piernas temblorosas, Cándida siguió el juego.

—No puedo respirar —murmuró.

No decía ninguna mentira. La peña no les dejaba espacio para respirar. Jan solucionó el problema de una tacada y la besó larga y dulcemente. Cándida sintió que perdía pie y que se le iba la cabeza. Quizás por la falta de aire, tal vez por la cerveza, por la música o por la lengua de Jan que giraba vertiginosamente dentro de su boca. El mundo perdía consistencia y se difuminaba a su alrededor. Jan lo era todo. Era la única columna de realidad donde agarrarse. Y Cándida se agarró con todas sus fuerzas. Y allí se quedaron, plantados,

1 **aliviado** erleichtert – 2 un **trayecto** Strecke – 7 **contagioso** ansteckend – 11 **ostentoso** bewusst herausfordernd, ostentativ – 20 un **sorbo** Schluck – 21 **fugaz** flüchtig – 24 el **descaro** Dreistigkeit – 32 **de una tacada** *loc* auf einmal – 37 **difuminarse** s. verwischen – 39 **plantado** stramm

largo rato, comiéndose el uno al otro. Indiferentes a los cambios de ritmo, de músicas, a los empujones.

De pronto, él se separó y la miró. Era una mirada oscura, inquietante. Cándida decidió que dijera lo que dijera respondería sí.

—¿Salimos de aquí?

—Sí.

Y fue entonces, al caminar, cuando se dio cuenta de que las luces parpadeaban, que las piernas no la aguantaban y que el suelo se inclinaba peligrosamente bajo sus pies.

Tal vez era el amor, decían que volvía loco. Quizás estaba loca.

Jan también se había dado cuenta.

—¿Estás muy mareada?

—Sí —confesó Cándida.

Y Jan la sacó del recinto para que respirara un poco de aire fresco.

Cándida percibió claramente que dentro de su barriga algo pugnaba por salir fuera.

Tenía náuseas.

¡Oh, no! ¿Estaba borracha? ¿Solo con tres sorbos de cerveza de nada? ¡Qué vergüenza! Pero no era una suposición, era una certeza. Había sido un cóctel explosivo. El estómago vacío, la falta de hábito, el baile, las emociones.

Cada vez eran más evidentes sus náuseas. Ya no podía disimular más.

—Lo siento, creo que…

Se inclinó súbitamente y vomitó puré con croquetas, que era lo que había comido horas antes.

Jan, en vez de salir muerto de asco, le sujetó la frente y le pasó un pañuelo limpio por los labios.

—Tranquila, tranquila, te irá bien.

Cándida pensó que lo que hacía Jan era el acto de amor más maravilloso que una chica podía esperar de un chico. Ayudarla a vomitar. Y terminó de sacar todo lo que tenía dentro.

—Ya está. Seguro que ahora te encuentras mejor.

Y le pasó otro pañuelo por la frente secándole el sudor. Después la invitó a sentarse en el suelo contra una pared, a las puertas de un bar de donde no paraba de entrar y salir gente.

Cándida estaba mareada.

4 *Verb im SUBJ + lo que + gleiches Verb im SUBJ*= egal, was … **dijera lo que dijera** egal, was sie sagte – 20 las **náuseas** Übelkeit – 30 **sujetar** festhalten

No sabía cuánto tiempo llevaban en esa posición. Jan no se había movido ni un milímetro de su lado, como un perro guía.

Tenía ganas de volver a besarlo, pero estaba cortada por el mal sabor de boca. Dentro del bolso llevaba unos chicles de fresa. Estiró el brazo y no encontró el bolso.

—¡El bolso!

—¿Qué bolso?

—¡El mío, el que llevaba! Lo he dejado encima del coche.

—¿Qué coche?

—El que estaba aparcado al lado de donde he vomitado.

—¿El Corsa? Pues se ha largado hace cinco minutos.

—¡Oh, no!

—¡Vamos! —decidió Jan resuelto.

Y entraron juntos en el bar.

—¿Sabéis de quién era el Corsa que había aquí aparcado? Uno que conducía un tipo con camisa de flores. Lo he visto salir, pero no le he visto la cara.

—El Mamano.

—¿Y a qué bar iba?

—Quizás al Cincinnati.

—Rápido —exclamó Jan arrastrando a Cándida con él.

—Pero, es una locura… ¿cómo quieres perseguir un coche de un tío al que no conoces?

—Aquí nos conocemos todos. Mamano es un pintor que se dedica a hacer la ronda de bares por las noches. Lo encontraremos en el Cincinnati.

Cuando llegaron al parking privado del Cincinnati, Jan observó el recinto hasta localizar el Corsa. Efectivamente, encima de su capó delantero seguía el bolso de Cándida. Un verdadero milagro.

—¿Lo ves? Está ahí.

—Mi bolso —gritó Cándida sin acabárselo de creer.

Y sin esperar el visto bueno de Jan, trepó por la verja de hierro y saltó al otro lado. La mala suerte fue que al saltar se le enganchó el vestido con una púa y se desgarró de arriba abajo.

—No te preocupes, ya lo coserás —la tranquilizó Jan, que había saltado tras ella y le ofrecía el bolso.

Cándida, con manos temblorosas, revolvió sus pertenencias. Ahora que se fijaba mejor, eran cuatro minucias. Hasta el

29 un **capó** Motorhaube – 33 una **verja** Zaun, Gitter – 35 una **púa** Zacke, Zinke – 35 **desgarrarse** (zer)reißen – 36 **coser** nähen – 39 una **minucia** Kleinigkeit, Bagatelle

móvil estaba caducado. Valía más el vestido que todo lo que llevaba en su bolsa asquerosa.

Daba lo mismo. Ya no había remedio.

Volver a saltar al otro lado no fue tan sencillo, pero no le quedó otra. Al aterrizar, se torció un pie por culpa de los zapatos de plataforma.

—¿Te has hecho daño?

—No.

Pero era que sí. Notaba cómo se le hinchaba el pie dentro del zapato. Decidió quitarse el zapato, pero sin el zapato izquierdo, basculaba peligrosamente. Así pues, también se quitó el derecho.

—Esperemos que no se hayan ido todavía.

—¿Qué hora es?

—Las cuatro.

Cándida no se lo podía creer.

—¿Ya?

—Han pasado muchas cosas.

—Sí, claro —musitó confusa.

—No te acuerdas, ¿verdad?

Cándida dudó, pero optó por continuar con el teatro de la chica que bebe demasiado.

—Tengo la cabeza como un bombo.

—Ya, lo supongo.

La caminata hasta la fiesta fue larguísima y la decepción, fulminante. Los coches no estaban. Cándida, con los pies lisiados y la cabeza a punto de explotar, lloriqueó.

—¿Y ahora qué hacemos?

Jan no perdió los nervios.

—Tenemos dos opciones, ir andando por la carretera y hacer autostop o esperar el primer autobús que pasa a las seis.

—Lo que quieras —aceptó Cándida hecha polvo.

Jan estudió los pies de ella y frunció el ceño. No tenían buen aspecto. Pero de pronto tuvo una idea. Se quitó los calcetines y se los ofreció a Cándida, mientras se calzaba otra vez las zapatillas.

—Si no te da asco, prueba a andar con mis calcetines.

Estaba claro que no le daba ningún asco. Se los puso, dio dos pasos y respiró agradecida. Era como si llevara zapatillas.

—Genial.

9 **hincharse** anschwellen – 11 **bascular** kippen, wippen – 23 un **bombo** große Trommel – 25 una **decepción** Enttäuschung – 27 **lisiado** verkrüppelt, gebrechlich

—Pues probamos a ver si tenemos suerte por la carretera.

La carretera estaba oscura como boca de lobo y los coches pasaban tan deprisa que ni los veían.

Cándida ya había perdido toda esperanza cuando oyó un crujido detrás de ella.

—¿Qué es eso?

Jan ya se había detenido y saludaba a alguien.

—¿Qué tal, Andrés? ¿A casa?

—Ea, subid, que estáis en las últimas.

Era un carro arrastrado por un burro con un viejo sentado en el pescante. Cándida no se hizo rogar, saltó detrás del carro y cayó sobre la paja mullida. Jan aterrizó a su lado. Ella lanzó un suspiro de satisfacción y se abrazó a él. Qué cálido, qué confortable. El brazo de Jan se amoldaba perfectamente a su cuerpo y la paja era blandita y estaba tibia. Todo era maravilloso y aún le dio tiempo de hacerse un selfi junto a Jan, las dos caras juntas y sonrientes recostadas en la paja. ¡Calaaaaaaa! Si lo contaba, nadie la creería.

—¡Ya estamos! —oyó susurrar a Jan en su oído.

Se levantó de un salto. Estaba absolutamente desorientada. No tenía ni idea de dónde estaba ni de cómo había ido a parar allí.

—¿Dónde estoy?

—Tranqui. Hemos llegado a casa.

En efecto. Era de día y la luz del sol la deslumbró.

—Pero… ¿qué ha pasado?

Jan la ayudó a bajar del carro y sonrió.

—Nada, te mareaste, vomitaste y perdiste tu bolso. Fuimos a recuperarlo, se nos hizo tarde y nos quedamos sin coches. Hicimos autostop y se detuvo el carro de Andrés.

Cándida parecía decepcionada. Jan había obviado el episodio del recital que ella recordaba con más claridad. El del beso.

—¿Y nada más?

—Nada más.

Jan la acompañó hasta la puerta de casa.

—Descansa —fue la críptica despedida de Jan mientras le guiñaba un ojo y se daba media vuelta.

2 **oscuro como boca de lobo** *loc* pechfinster – 5 un **crujido** Knistern – 11 un **pescante** Kutschersitz – 11 **hacerse (de) rogar** s. zieren – 12 la **paja** Stroh – 12 **mullido** (*normalerweise bei Möbeln*) weich – 15 **tibio** lauwarm – 25 **deslumbrar** blenden – 32 un **recital** Konzert

Cándida, estupidizada, se quedó mirando un buen rato cómo se alejaba, se frotó los ojos con incredulidad y dudó de su memoria.

¿Había sucedido de verdad? ¿O quizás estaba tan borracha que se lo había inventado?

Camino de su habitación, se cruzó con su abuela por el pasillo.

—¿Ahora vuelves? ¿A estas horas?

—No he venido sola.

Gustavo sacó la nariz de su habitación.

—Has vuelto con un chico, lo he visto por la ventana.

Alicia gritó desde su habitación.

—¡Era Jan! ¡Le he reconocido la voz!

—¿Has pasado la noche con Jan? —preguntó ingenuamente Gustavo.

Cándida flotó un metro sobre el suelo.

Sus hermanos tenían razón.

Había pasado la primera noche de su vida con un chico.

13 El rayo justiciero

El tiempo de vacaciones pasaba volando y sin dejar apenas rastro. Todos los días iguales, parecidos. Todos los días compartidos con un Jan amnésico, distante, amable, fascinante e inaccesible.

Cándida se preguntaba a menudo si era el mismo Jan. El del boca a boca de la piscina, el de la mirada oscura en el bosque de la serpiente, el apasionado besador de la fiesta…

Mientras tanto, la rutina del verano era la amiga de Cándida.

De vez en cuando, sin embargo, había un día diferente.

Una mañana, al abrir la ventana de su habitación, se dio cuenta de que llovía a cántaros.

Un día de lluvia podía ser un estorbo, pero también un aliciente para hacer cosas inusuales. Por ejemplo jugar a las cartas dentro de una casa.

La llamada de Malvasía la motivó para salir a la calle desafiando la tormenta. Percibió que se trataba de un día diferente por el intenso aroma a tierra mojada y el ruido de las gotas de agua al caer sobre las copas de los árboles.

Cándida no era aficionada a los juegos de cartas, pero en casa de Pepe y Abril, se estaba bien. La casona de paredes gruesas era seca y acogedora. Fuera, en cambio, el día se había ido oscureciendo y enfriándose hasta convertirse en desapacible.

La sala estaba en una media penumbra que solo iluminaban los rayos. Inevitablemente, después del fogonazo instantáneo de un rayo llegaba el estruendo de un trueno y Cándida sentía el escalofrío del miedo, un miedo dulce, compartido y repleto de risas. La tormenta estaba viva y cercana. Todo era muy real, muy natural. Como la chimenea que encendió Pepe al darse cuenta de que hacía frío, como las velas que encendió Abril cuando se fue la luz.

Fuera, un goteo persistente de agua se colaba por tejados y porches.

—¡Al mentiroso! —propuso Marcos.

Y todos estuvieron de acuerdo. Cándida también, aunque era la primera vez que jugaba.

11 **llover** (o-ue) **a cántaros** in Strömen regnen – 13 un **aliciente** Anreiz – 16 **desafiar** herausfordern, die Stirn bieten – 17 **mojado** nass – 18 una **copa** (de árbol) Baumkrone – 23 **desapacible** ungemütlich – 24 una **penumbra** Dämmerlicht – 26 un **estruendo** Lärm, Krach – 27 un **escalofrío** Schüttelfrost, Schauder – 27 **repleto** vollgestopft, prall gefüllt – 29 una **chimenea** Kamin – 32 un **goteo** Tropfen, Tröpfeln – 32 un **tejado** Dach

—¿Cómo funciona? —susurró a Carmen, que estaba sentada a su lado y que era tan silenciosa que nunca le había oído la voz.

—Diciendo mentiras —le respondió tímidamente Carmen.

Cándida respiró aliviada. Era la reina de las mentiras.

—Trío de seises —manifestó en voz alta en la primera ronda.

Apenas tenía un par de seises, pero su convicción convenció a Jan, que se sentaba junto a ella, y le confirmó que el chico no era tan retorcido como parecía. Jan se la creyó de todas todas y en vez de destapar su mentira, añadió un seis.

Tres rondas más y Cándida había ganado. Los otros se llevaban las manos a la cabeza y Marcos estaba bastante enfadado.

—Ya habías jugado antes.

Dijera lo que dijera tenía el mundo en contra, así que decidió dar un paso adelante.

—¿Otra partidita? —propuso desafiante—. ¿O me tenéis miedo?

—Pero esta vez apostando —puso como condición Marcos.

Cándida sacó un billete de diez euros y lo dejó sobre la mesa para pedir cambio, pero su gesto fue malinterpretado.

—Niña, vas fuerte.

Y todos sacaron sus respectivos billetes. Cándida tragó saliva.

—¿Y eso qué quiere decir?

—Que quien gana se lo lleva.

Estaba clarísimo. O ganaba o se quedaba pelada como una rata de catorce años que solo tiene diez euros en el bolsillo para pasar el resto del verano.

Confesar era demasiado deprimente. Así pues, solo tenía una opción: ganar.

Alea jacta est.

Y ganó por segunda vez. Al ganar sintió una descarga de adrenalina. Un calorcillo desconocido, algo así como un placer indescriptible, se adueñó de su cuerpo y la impregnó de optimismo. Recoger los billetes, contarlos y metérselos en el bolsillo fue determinante.

—¿Otra? —propuso barajando al estilo Fergusson.

Jan estaba atónito.

10 **destapar** enthüllen – 27 **pelado** knapp bei Kasse, pleite – 32 **Alea jacta est** *loc lat cul* die Würfel sind gefallen – 35 **adueñarse de** überkommen, ergreifen – 35 **impregnar** erfüllen

—¿Hace cuánto que te dedicas a desplumar a otros a las cartas?

Cándida se sintió poderosa y sonrió de manera enigmática. Quizás ser una jugadora de cartas podía tener sus ventajas. Dejar boquiabierto al chico que te gustaba.

—¿Sabéis jugar al *strip poker*? —soltó Pepe, repentinamente animado.

Nadie dijo que no, ni siquiera Carmen, pero hubo risas y codazos.

—Un *strip poker,* pues.

No hacía falta ser muy listo para intuir que aquello de *strip* era para mayores de dieciocho.

Cándida tragó saliva y asumió que iba con un grupo de jóvenes que se creían que ella ya era joven y que no se debía escandalizar.

—¿De qué va? —preguntó con disimulo a Malvasía.

—Se trata de quitarse una prenda de ropa cada vez que pierdes.

¡Mierda, mierda!

Acababa de recordar que llevaba bragas de algodón blanco y un sujetador de deporte cutre. ¿Por qué tenían que haber elegido un día como aquel para hacer exhibición de ropa interior? No podía hacerlo.

—Un momento, quiero decir que…

Sin embargo, no pudo hablar.

Una luz cegadora salió de la chimenea, atravesó el comedor a la velocidad de la luz y se coló por la puerta entreabierta dejando a su paso un reguero de fuego, ceniza y humo.

Segundos después, o casi simultáneamente, un ruido ensordecedor sacudió la casa de arriba abajo e hizo que tambalearan las sillas y que Marcos y Abril cayeran al suelo.

El pánico se apoderó de la sala y comenzaron a oírse chillidos y carreras. Todo el mundo estaba asustado.

—¡Un rayo! —gritó Jan señalando la chimenea y mostrando el rastro del maligno que se había metido en la casa sin permiso.

Poco a poco volvieron a encender las velas y pudieron contemplar asombrados el espectáculo. Todo el comedor estaba negro, cubierto de hollín y quemado por el rayo. La

1 **desplumar** ausplündern, abzocken – 9 un **codazo** Ellbogenstoß – 26 **cegador** blendend – 28 un **reguero** Rinnsal, Spur – 33 un **chillido** gellender Schrei, Kreischen – 39 el **hollín** Ruß

fuerza del rayo había levantado sillas a su paso y reventado parte de una puerta entreabierta por donde había escapado.

María gritó.

—¡Ohhh! ¡Nooo! ¡¡¡Me he quemado!!!

Todos corrieron hacia ella y la rodearon. Estaba negra como el carbón, y no se distinguía la ropa de la piel. Imposible buscar las quemaduras.

—¿Dónde? ¿Dónde te duele?

—¡¡¡El pelo!!! ¡Me he quedado sin pelo!

Era verdad. Media cabeza de María había quedado absolutamente chamuscada, la otra media estaba intacta.

Cándida no supo si reír o llorar. Lucían unas pintas deplorables. Sucios, con cara de pánico y chamuscados.

Al abrir ventanas y contraventanas el humo se evaporó, pero no era suficiente.

Llenaron cubos de agua, se repartieron trapos de cocina, escobas y atacaron con furia todos y cada uno de los rincones del comedor devastado.

Pronto las heridas del rayo quedaron al descubierto; su rastro desde la chimenea hasta la puerta era impresionante. La huella de su carrera loca había atravesado milagrosamente la sala sin chocar con nada.

Había sido un milagro.

Habían vuelto a nacer.

Cándida había oído decir que momentos así eran necesarios para hacer una revisión de vida y volver a empezar sin repetir los errores de vidas anteriores.

Pero volver a nacer para limpiar, barrer, fregar y ordenar no valía la pena. O eso pensaba en un estado depresivo autocompasivo. Era una mentirosa. Había comenzado con una mentira, había continuado con otra y ahora era víctima de una cadena de mentiras que pronto se destaparían una vez Cuca Según, Sonia Portillo y Natalia Cortina pusieran los pies en su casa.

Esto pasaría, sí o sí, el viernes.

Tenía solo tres días antes de que sus amigas llegaran y se dieran un hartón de reír. No había querido pensar en ello, pero era obvio. La había cagado.

1 **reventar** (e-ie) platzen, brechen, sprengen – 11 **chamuscado** (an)gesengt, versengt – 13 **deplorable** beaduerlich, jämmerlich – 16 un **cubo** Eimer – 17 una **escoba** Besen – 18 **devastado** verwüstet – 28 **barrer** fegen – 28 **fregar** (e-ie) wischen – 37 darse un **hartón** de reír s. sattlachen

Fuera por el humo, por el calor del rayo o por la pena, Cándida, agarrada a una escoba más negra que su conciencia, o casi, comenzó a llorar.

—¿Qué te pasa?

Era Jan a un palmo de su cara. Cándida negó con la cabeza en absoluto dispuesta a confesar su miserabilidad y se escondió detrás de la respuesta más antigua de la humanidad.

—Nada.

Pero Jan le quitó la escoba de las manos y no le soltó el brazo.

—Vamos fuera, tú y yo solos, y me lo cuentas.

Cándida se dejó arrastrar como una oveja rumbo al matadero.

Okey. Había llegado su hora. El rayo solo era un aviso. Si continuaba adelante con su comedia mentirosa, el mundo entero se conjuraría en su contra y la castigaría.

—Venga, cuéntame.

—No me perdonarás nunca si te lo cuento.

—Prueba.

—Mis amigas vienen el viernes.

—Vale.

—Y yo, yo, yo…

—Tú.

—Les he dicho que, que, que tenía… novio. Y les he enviado una foto, una foto tuya.

Jan la abrazó.

—¿Y ése es el problema?

—Sí.

—Si querías que me hiciera pasar por tu novio para quedar bien con tus amigas…, ¿por qué no me lo pedías?

Cándida calló, levantó los ojos y quedó hipnotizada por la mirada abrasadora de sus ojos negros. No podía ser tan fácil.

—¿Quieres hacerte pasar por mi novio?

—Sí.

Cándida se llevó la mano al corazón y la boca se le ensanchó en una gran sonrisa.

—¿De verdad?

—No, de mentira, pero parecerá que es de verdad. Ya verás cómo se lo tragan.

1 **fuera por**… sei es wegen … oder – 5 **un palmo** Handspanne, Handbreit – 13 un **matadero** Schlachthof – 16 **castigar** strafen – 32 **abrasador** brennend, glühend – 35 **ensancharse** s. ausweiten

Cándida se quedó sin palabras. Jan le acarició la cara sucia y, al oído, en un susurro dulce sugirió.

—¿Quieres que ensayemos?

Cándida consideró que sí, que tenían que ensayar y mucho.

3 **ensayar** proben, üben

14 Cuca, of course

Cuca estaba blanca, gorda y llena de granos. Cándida lo pensó nada más verla. Alicia lo dijo.

—¡Oh, Cuca, estás más gorda, más blanca y llena de granos! —exclamó con la naturalidad de una hermana pequeña consentida que dice todo lo que le pasa por la cabeza.

Habitualmente, esta actitud sacaba de quicio a Cándida. Esta vez, sin embargo, aplaudió la mala educación de su hermanita.

La cara de Cuca fue un poema y se excusó sin intentar negar la evidencia.

—He comido mucha mantequilla y no he visto el sol, pero me lo he pasado superbién. He conocido la tira de gente y…

Natalia y Sonia, que ya habían sido víctimas de las maravillosas aventuras irlandesas de Cuca todo el viaje, y se lo sabían de memoria, se ocuparon de Cándida.

—¡Qué morena!

—¡Y qué guapa!

—¡Cómo se nota que te lo has pasado de coña!

—¡Y que tienes novio!

Cuca intentó machacarlas con sus anécdotas insípidas de curso de inglés, pero Cándida arrasó con las fotos del trampolín de la piscina, de los partidos de baloncesto en bañador, de la serpiente que cazó Jan en la montaña, de Terremoto al galope, del rayo asesino en casa de Pepe y Abril y de las fiestas gloriosas de Cala con recital incluido y carro con paja.

Cada vez que Jan se colaba en una esquinita de foto, Natalia y Sonia chillaban y ampliaban la imagen. Cuca estaba negra.

—Hablo inglés perfectamente.

Quizás sí, pero a nadie le importaba un pimiento.

—Visité un pub irlandés. Es para mayores de edad y no dejan entrar a los menores. Fuimos fuera de horas.

Cándida les estaba enseñando el bikini nuevo azul oscuro casi negro y los gritos de entusiasmo de Sonia Portillo y Natalia Cortina ahogaron las informaciones de guía turística de Cuca Según.

—¡Vamos a la piscina, ya!

1 un **grano** Pickel – 5 **consentido** verwöhnt – 6 **sacar de quicio a up** *loc* nerven, aus der Fassung bringen – 12 **la tira de** *Esp coloq* eine Menge, viel – 20 **machacar** fertigmachen, kleinkriegen – 21 **arrasar** einebnen, abräumen (*wie bei einer Preisverleihung*)

—¡Tengo ganas de conocer a tu pandilla!

—¡Y a Jan!

—¡Y de tirarme desde el trampolín!

—Y de echar unas canastas.

—Y de comerme unas patatas fritas.

—Cuca no puede comer patatas, que está a régimen —recordó sádicamente Natalia.

Cándida había temido aquel momento durante tres semanas, pero ahora se había dado la vuelta a la tortilla y saboreaba intensamente el instante.

—Esperemos a Jan, me pasará a buscar para ir juntos.

—¡Ualaaaa!

—¿Te viene a buscar a tu casa?

—Flipo.

Cuca no flipaba. Estaba negra. Mejor dicho, blanca y con los granos rojos encendidos de rabia. Era ignorada, una condición insoportable para ella. Así pues, pasó al ataque.

—Es una cursilada.

—¿El qué?

—Esto de venir a buscar a Cándida a casa para ir juntos a la piscina.

—Esto es envidia, a ti no te lo han hecho nunca.

—Perdona, Cándida, pero es del siglo pasado.

—Es superromántico —la defendió Natalia.

—Es genial —suspiró Sonia.

No tuvieron tiempo de seguir adjetivando porque se oyeron unos golpes en la puerta y una voz masculina que preguntaba:

—¿Cándida? ¿Cándida?

Cándida tembló de emoción y de miedo, había llegado la hora. ¿Pasaría la prueba de la verosimilitud?

—¡Estoy aquí!

Jan apareció en el umbral tres segundos después, y acaparó todas las miradas de la habitación.

— ¡No sabes cómo te he echado de menos! —exclamó mirando fijamente a Cándida y avanzó hacia ella, indiferente a las invitadas, como si no hubiera nadie más en el mundo.

Cándida, nerviosa, admiró su convicción. ¿Estaría a su altura? ¿Se darían cuenta sus amigas del teatro que estaban representando para ellas? Procuró no pensar en ello y respondió tal y como tenían acordado.

9 **dar la vuelta a la tortilla** *loc* das Blatt wenden – 16 la **rabia** Wut – 18 una **cursilada** Kitsch – 30 la **verosimilitud** Glaubwürdigkeit – 32 un **umbral** (Tür)schwelle – 32 **acaparar las miradas** alle Blicke auf sich ziehen

—¡Yo también, *amore!*

Y se lanzó en sus brazos besándolo con pasión.

Le pareció ver a Cuca de color verde y a Natalia y Sonia con la boca abierta, los ojos chispeantes y la mano en el corazón.

Era justo lo que quería.

Dos minutos después tomaba aire rodeada de muchos suspiros. Mientras, Jan fingió reparar por fin en la presencia de Sonia, Natalia y Cuca.

—¡Oh! ¡Perdonad! —exclamó—. No me había dado cuenta de que estabais aquí. Solo tengo ojos para Cándida. Soy Jan, su novio.

En opinión de Cándida, no hacía falta ser tan obvio, pero causó efecto.

Natalia se levantó y le besó efusivamente.

—Yo soy Natalia, su mejor amiga.

Sonia no se quedó corta.

—Yo Sonia, su primera mejor amiga.

Cuca no decía nada. Jan, avisado, la señaló con el dedo.

—¡Y tú, espera, no, no me lo digas, tú debes de ser Cuca! ¡¡¡Cuca Según!!!

Cuca no podía escapar por ninguna puerta, que es lo que hubiera deseado, así pues, afirmó con la cabeza.

En vistas de que no mostraba la más mínima intención de besarlo, Jan tomó la iniciativa y le plantó un beso en cada mejilla.

—¿Qué tal, Cuca? ¿Cómo te ha ido por Dublín?

Cuca se atragantó a medio beso. Estaba visto que no pasaría inadvertida tal como era su intención. Así pues, hizo de Cuca y, encogiéndose de hombros, dijo.

—*Oh, good, a good experience!*

—*Nice! I like Dublin, I love their funny and a little bit drunk people, and I love Irish songs too. Do you like black beer? Guinness beer?*

Cuca abrió unos ojos como platos. Jan hablaba deprisa y sin contemplaciones. Cuca no había entendido ni jota y ni siquiera se molestó en disimularlo.

—¿Qué?

Cándida contribuyó poniendo la guinda del pastel.

—Jan es inglés por parte de madre, se llama López Barker.

4 **chispeante** Funken sprühend, funkelnd – 14 **efusivo** herzlich, innig – 27 **atragantarse** s. verschlucken – 28 **inadvertido** unbemerkt – 38 la **guinda** (Sauerkirsche) **del pastel** *loc* Krönung

Inmediatamente, su cotización subió diez puntos y se situó en el límite máximo del ranking de novios deseables. Sonia y Natalia sacaron el móvil y se lanzaron.

—¡Un selfi!

—¡Yo lo he pensado primero!

Antes de salir de casa camino de la piscina, todo el grupo de amigas tenía foto de Jan y comentarios entusiastas de Natalia y Sonia. Simpático, guapo, sexi y medio inglés eran los más utilizados.

Cuca, verde de envidia, leyó de soslayo cómo Cándida aprovechaba para colar que Cuca no entendía el inglés. Se lo apuntó y lo metió en el cajón de los agravios que ya empezaba a estar demasiado lleno.

Cándida sabía que Cuca no se quedaría de brazos cruzados, por eso vivía intensamente el presente y disfrutaba cada segundo de su noviazgo fingido con Jan. Habían decidido ser una pareja cariñosa y pegajosa, de esas que se manosean todo el rato y nadie adivina dónde empieza la mano de uno y termina la pierna del otro. Se pasó la mañana en la piscina haciendo manitas, cosquillas y abrazos en el agua. La pandilla, que no se olía nada, flipaba. María se lo tomó como una afrenta personal.

—¿Sales con Jan? —preguntó sin medio rodeo a Cándida.

—¿Tienes ojos en la cara? —respondió Cándida.

En efecto, todo era claro.

María hizo pagar su mala baba a Lucas y le comunicó que habían cortado.

—¿Por qué? —lloriqueó Lucas.

—Porque ya no me gustas —concluyó María con una crueldad infinita.

Los amigos del grupo estuvieron encantados de la visita de las amigas de Cándida y pronto Natalia y Sonia accedieron a subir al trampolín escoltadas por animadores espontáneos y tirarse con ellos cogidas de la mano. La emoción de la caída fue celebrada con patatas fritas —que Cuca no probó— y con un partido de baloncesto donde Lucas, herido en su amor propio por el abandono de María, se lució ante Natalia.

Volvieron coloradas del sol y de calor humano y frente a la puerta de casa Cándida y Jan protagonizaron una despedida

1 la **cotización** Kurs(wert), Tageswert – 12 un **agravio** Beleidigung, Ehrverletzung – 17 **pegajoso** klebrig (*fig*), aufdringlich – 23 **sin rodeos** *loc* ohne Umschweife – 26 la **mala baba** *Esp coloq* miese Stimmung – 33 **escoltar** geleiten, eskortieren – 37 **lucirse** s. zeigen, s. hevortun

tórrida. No estaba en el guion, pero la pareja estaba motivada e improvisó. Las improvisaciones se les daban bastante bien.

—Si te doy otro, no me iré nunca.

—Pues quédate.

Horas más tarde, Alicia los interrumpió con un:

—¡¡¡Los macarrones se enfrían!!!

Y cuando Cándida, con los labios agrietados, se sentó en la mesa, se dio cuenta de que si no se daba prisa, sus amigas y sus hermanos la iban a dejar sin un solo macarrón en el plato.

Aprovechando que Cándida tenía la boca llena de pasta y las neuronas ocupadas en Jan, Cuca pasó a la ofensiva verbal, su especialidad.

—Pues qué quieres que te diga, la piscina es pequeña y tiene demasiado cloro, el trampolín no cumple el tamaño reglamentario, la cancha de básquet está muy vieja. Y el pueblo parece aburrido, no hay bares de moda, está lleno de perros y la plaza Mayor es una porquería. A mí este pueblo no me mola.

Todos se quedaron con los macarrones a medio camino de la boca. Cuca se había pasado siete pueblos. Las miradas se dirigieron a Cándida, que continuaba comiendo impávida y se tomaba su tiempo. Masticó, tragó, dio un sorbo de agua, se secó los labios agrietados y respondió.

—Qué lástima. Hoy empieza la Fiesta Mayor y actuarán los Gusanos Verdes, vendrá gente de Cala, de Haro y de Logroño. Además, habrá baile, batucada, trofeo de básquet, de petanca y de fútbol. ¡Ahh! Y concurso de tortillas, de empanadas y de sushi.

Natalia y Sonia abrían los ojos conforme Cándida iba enumerando las múltiples actividades que las esperaban.

—Seguramente haremos una fiesta en casa de Pepe y Abril y nos quedaremos a dormir allá.

Sonia y Natalia se miraron entusiasmadas.

—Lo siento porque te lo perderás, pero entiendo que acostumbrada a ciudades como Dublín, esto te parezca pequeño y provinciano. ¿Verdad, abuela?

Cándida pasó la pelota a su abuela, que hacía rato que tenía ganas de intervenir.

—Y tanto, bonita, no queremos que lo pases mal. ¿En qué autobús quieres irte? ¿Te compro el billete o te lo compran tus papás?

1 **tórrido** brennend heiß – 1 un **guion** Drehbuch, Skript – 7 **agrietado** rissig – 20 **impávido** unerschrocken – 25 una **batucada** Trommeln (afro-brasilianischer Rhythmus) – 25 la **petanca** Boulespiel, Boccia

Cuca se atragantó y los granos de la cara se volvieron fluorescentes.

—No, yo no, quería decir que…, yo…, creo que tal vez no me habéis entendido.

—¡Has dicho que todo era una mierda! —aclaró Alicia por si no había quedado suficientemente claro.

Cuca tragó saliva.

—Bueno, quizás he exagerado un poco.

—Mucho —puntualizó Gustavo que también se había ofendido—. La piscina es olímpica y el trampolín es reglamentario.

—De acuerdo, de acuerdo, tal vez me he confundido.

—¿Te vas o no? —concluyó Cándida a saco.

Cuca pidió disculpas y terminó diciendo que el pueblo era muy bonito, que las señoras de las sillas eran muy amables y que el campo de fútbol era más grande que el de Dublín.

Tras la derrota asumió el castigo.

Lavó los platos en compañía de Alicia y Gustavo.

15 *Carpe Diem*

Esa mañana los pájaros piaban alegres, el sol calentaba con tímida dicha matinal y las hojas de los chopos se movían tan felices. Cándida suspiró y se dijo que era muy, muy hermoso. Sus amigas, que no compartían ni una brizna de su energía positiva, se arrastraron malhumoradas hacia el comedor, donde les estaba esperando un magnífico desayuno de Fiesta Mayor. Quizás porque no eran del pueblo o tal vez porque no estaban enamoradas.

Cándida animó a sus amiguísimas a ponerse las pilas.

—Venga, ¿habéis venido de Fiesta o de entierro?

—¿Y qué quieres que hagamos? ¿Que bailemos jotas?

—Pues divertirnos, ¿no? Podríais pasároslo bien. Sería un detalle. ¡*Carpe diem*!

—¿Carpe qué?

—Vivamos ahora, que mañana moriremos.

Las dejó pensativas, excusa que aprovechó para mandar y organizar.

—Natalia, te ficho para el equipo de básquet. Sonia, tú puedes apuntarte a la batucada, que les falta gente. Cuca… tú… tú… puedes ayudar a Marcos con el concurso de petanca de los abuelos.

—¿Marcos es el bajito con moto? —preguntó Cuca con cierto desinterés.

—Tiene dieciocho años, estudia Industriales, su padre es el dueño de una fábrica de botellas que da mucha pasta y le regaló un coche por su cumpleaños.

Cuca no objetó nada más. Se puso su polo rosa fucsia más pijo, se alisó el cabello con su plancha, se maquilló los granos y cuando Marcos pasó a buscarla, lo sometió a un interrogatorio de tercer grado sobre la marca del coche, el modelo, el color y la potencia del motor.

Cándida se dirigió a toda prisa hacia el partido de baloncesto arrastrando a Natalia.

Natalia defendió la camiseta del pueblo y, junto con Lucas, metió más canastas que en toda su vida. Cándida en cambio, distraída por las rastas de Jan, sus dientes deslumbrantes y sus ojos de fuego, falló un montón. Al finalizar el partido, Lucas las

2 la **dicha** Glück – 2 un **chopo** Pappel – 4 una **brizna** de ein Hauch von – 9 **ponerse las pilas** *loc coloq* etw. anpacken, s. zu etw. aufraffen – 10 un **entierro** Beerdigung – 11 una **jota** *spanischer Tanz* – 18 **fichar** verpflichten – 25 la **pasta** *Esp coloq* Knete, Kohle – 27 **objetar** einwenden

invitó a una Coca-Cola merecida. Cándida se disculpó porque la esperaba Jan para felicitarla en privado, pero Natalia aceptó encantada.

—¡Eres buenísimo! ¿Puedo hacerte otra foto?

—¡Por supuesto!

Dos horas más tarde, con la batucada a punto y los músicos preparados y dispuestos, el responsable del espectáculo no aparecía por ninguna parte.

—¿Y Lucas?

María echaba fuego por los ojos.

—Me han dicho que la última vez que lo vieron iba con una amiga de Cándida.

Y Cándida hizo lo que habría hecho el mismo San Pedro, negarlo todo. Incluso tres veces.

—¿Una amiga mía? ¿Qué dices? ¡Imposible!

En vista de que Lucas estaba *missing*, Pepe tomó las riendas del liderazgo.

—*The show must go on!* Lo haremos sin Lucas. ¡¡¡Listos para salir a la pista!!!

Sonia, admirada, no pudo evitar tocar su bíceps.

—¡Qué barbaridad! ¡Qué musculatura! ¡Es increíble!

Pepe, con una sonrisa de oreja a oreja, fue muy amable con Sonia y la ayudó a seguir el ritmo de la batucada.

Sonia le agradeció impresionada.

—¡Pareces vasco!

—¡Me encanta la pelota vasca! Competí el año pasado.

—¡Ohhh! —suspiró ella, medio mareada de la emoción.

A la hora de la barbacoa todo el mundo se preguntaba por el destino de los desaparecidos.

—Eh, Cándida, esa amiga que se llama Cuca y que me tenía que ayudar, ¿dónde se ha metido? —preguntó Inés, la responsable de la parada de quesos.

Cándida estaba sorprendida.

—Fue a ayudar a Marcos con el campeonato de petanca.

—Pues tal vez le ha pegado una bola en la cabeza y sufre de amnesia.

Malvasía apartó a Inés y se dirigió directamente a Cándida.

—¿Se puede saber dónde se ha llevado tu amiga a Pepe?

Malvasía, con las manos en las caderas y la barbilla adelantada, daba miedo.

1 **merecer** verdienen – 17 el **liderazgo** Führung, Führerschaft

—¡Vale, tranquila! Pepe, que yo sepa, no es tuyo.

—¿Me estás vacilando?

María se sumó. Estaba aun más cabreada que Malvasía.

—O me devuelves a Lucas o…

—¿O qué? —preguntó Cándida. No estaba dispuesta a dejarse intimidar. Al fin y al cabo ella no era responsable de las locuras de sus amigas.

—Cándida, guapa, ¿tú sabes dónde puede estar Marcos? Tenemos una comida familiar y no lo encontramos en ninguna parte.

Las tres mujeres intercambiaron informaciones que la ponían en evidencia y mientras se calentaban y se daban la razón las unas a las otras, Cándida optó por refugiarse en casa.

Allí tampoco estaban.

Les envió un wasap a cada una pero sus amigas llevaban horas sin conectarse. Estaban sin batería o fuera de cobertura.

Y si tampoco había ni rastro de Lucas, Pepe y Marcos, eso significaba que se habían perdido a propósito.

Todo era culpa suya.

Era culpable por haberlas obligado sí o sí a integrarse a la velocidad de la luz a la alegría festivalera del pueblo. Había sido ella y solo ella la inductora de su comportamiento alocado, las había animado a disfrutar del *carpe diem*.

Un silbido conocido y familiar la hizo concebir esperanzas.

No.

Era Jan.

Jan - ¿dónde estás?

Cándida - En ninguna parte.

Jan - ¿Estás enfadada conmigo?

Cándida - Estoy desesperada y a punto de suicidarme.

Jan - No. No lo hagas.

Cándida - Dame una sola razón.

Jan - Estoy loco por ti.

Cándida lo leyó tres veces. No, no podía ser, pero lo era. Finalmente se atrevió.

Cándida - ¿De verdad o de mentira?

Jan - De verdad.

Cándida - No me lo creo, me quieres engañar.

Jan - Si me dices donde estás, te lo demuestro.

Jan se presentó en la casa con los ojos brillantes y la ahogó a besos.

2 **vacilar** auf den Arm nehmen – 3 **cabreado** *coloq* (stink)sauer

—Cándida, me he colgado, estoy muy colgado.

Cándida casi no podía respirar.

—Yo también —murmuró con un hilillo de voz.

—Es que estas cosas no se pueden disimular.

—Ya me extrañaba que fingiésemos tan bien.

—Ven —susurró Jan ofreciéndole la mano y abriendo la puerta de la habitación de Cándida.

Estaban solos. La habitación estaba a oscuras. Cándida respiró profundamente mientras sentía cómo la mano de Jan descendía juguetona bajo su camisa.

—¿Jugamos a farmacéuticos?

Cándida se olvidó de las amigas y se abandonó al juego. Era la primera vez que se dejaba quitar la ropa por un chico. Lo hizo con delicadeza, como si ella fuera una obra de arte y estuviera inaugurando una exposición. Entonces osó atreverse a hacer lo mismo. Era realmente un juego. Poco a poco, con vergüenza pero perseverancia, se dedicó a explorar en compañía de Jan la maravillosa geografía de su cuerpo. Nunca habría pensado que una oreja, una nuca o una rodilla fueran tan interesantes. Sin embargo, el tiempo pasó volando y les faltó cuando apenas estaban en el ombligo.

Sin darse cuenta había caído la tarde y, a traición y sin aviso previo, aterrizaron los habitantes de la casa. Al oír que se cerraba la puerta y las voces de «¿hay alguien?», pegaron un salto de la cama, se vistieron a toda prisa y salieron a recibirlos con la ropa a medio abrochar, el pelo revuelto y las mejillas ardiendo.

Los habían pescado.

La abuela tomó cartas en el asunto.

—Creía que estarías en el concurso de tortillas.

—Es que… tenía trabajo en casa y…

—Y Jan te ayudaba, ¿verdad?

—Yo, lo siento mucho, ha sido culpa mía… —intervino caballerosamente Jan—El enchufe del ordenador de Cándida no funcionaba bien y…

Alicia y Gustavo, ajenos a la embarazosa situación, se comportaban como criaturas que eran.

—¿Has visto el pasacalles? ¡Ha sido brutal! ¿Me has reconocido?

15 **inaugurar** eröffnen, einweihen – 15 **osar** wagen – 17 la **perseverancia** Beharrlichkeit, Ausdauer – 19 la **nuca** Nacken – 21 el **ombligo** (Bauch)nabel – 22 **a traición** heimlich, heimtückisch – 26 **abrochar** zuhaken, zuschnallen – 28 **pescar** *coloq* erwischen, ertappen – 34 un **enchufe** Stecker – 36 **embarazoso** peinlich, unangenehm – 37 una **criatura** Kind

—A mí me han dejado tirar un petardo.

Cándida ignoró a sus hermanos y Jan se despidió educadamente.

—Buenas noches.

La abuela añadió como quien no quiere la cosa.

—Buenas noches, Jan, y muchas gracias por arreglar el ordenador.

Cándida respiró aliviada y depositó un ruidoso beso en la mejilla de su abuela.

Las amigas fueron regresando al caer la noche espaciadas de diez minutos en diez minutos. Llegaban con las mejillas encendidas, los ojos brillantes y el corazón latiendo tan fuerte que daba miedo.

—¡Es demasiado!

—¡Genial!

—¡Me quedo en este pueblo!

Cándida, que se moría por explicarles su nueva situación, optó por callar. De hecho, no podía decirles que salía con Jan porque era lo que se suponía que sucedía. Si hablaba más de la cuenta, descubrirían que les había mentido.

Pusieron la mesa en medio de un griterío femenino de tonos agudos e intervenciones que no respetan los tiempos contrarios. Las tres competían para contar sus experiencias sin escuchar las de las otras. Tardaron un buen rato en reparar en que Cándida no abría la boca.

—¿Y tú, Cándida? ¿Qué has hecho esta tarde? —preguntó inocentemente Natalia.

Cándida se atragantó con una empanada de pimientos. Por suerte, sus hermanos respondieron por ella.

—No ha salido, es una aburrida.

—Se ha quedado arreglando el ordenador en su cuarto.

—La ha ayudado Jan.

Cándida se encogió de hombros e intercambió una mirada de complicidad con sus amigas.

—*Carpe diem* —dijo bajito.

Y esta vez, sí, las cuatro coincidieron.

—¡*Carpe diem*! —celebraron levantando los vasos de naranjada.

1 un **petardo** Böller – 19 **más de la cuenta** viel zu viel – 22 una **intervención** Beitrag

16 *A summer love*

La Fiesta Mayor marcó un antes y un después en el verano de Cándida y de sus amigas.

Cuca no quería marchar de ninguna manera y casi la tuvieron que empujar autobús arriba.

—¡Esperad, esperad un momento que quiero hacer una última foto!

—Cuca, guapa, que el autobús no espera.

¡Mec, mec!

Cándida las despidió de pie en la carretera agitando la mano, como en las películas, y sintiendo cómo a medida que el autobús se alejaba se iba quedando algo más sola. Tenía un nudo en el estómago ahora que sus amigas se iban. ¿Se sentía sola, tal vez?

—Hola.

NO. No lo estaba. Era Jan, que había tenido la buena idea de ir a hacer de *supporter* en un momento delicado. Qué detalle, había madrugado por ella.

Pensó que a las ocho de la mañana ya era guapo.

—¿Te has levantado tan pronto por mí?

—Naturalmente.

Y para demostrárselo la besó y le mordisqueó la oreja. Cándida tuvo un escalofrío delicioso que le impidió pensar con claridad. Se alejó unos centímetros e intentó reflexionar.

—Tengo que ir a comprar el pan.

—Te acompaño.

Fueron a comprar el pan juntos y esta vez Cándida no se cortó un pelo delante de la panadera.

—¿Qué hay, parejita? Tan temprano y despiertos.

—Somos jóvenes y tenemos que aprovechar el tiempo.

—Así me gusta, las montañesas siempre han tenido las cosas claras. ¿Cuántos panecillos ponemos?

—Una docena.

—¡Pero si tus amigas ya se han ido!

—La abuela me dijo que invitase Jan a desayunar para agradecerle que me arreglase el ordenador.

—Sí, claro —suspiró la panadera—. Por la tarde, lo arregló.

17 **madrugar** früh aufstehen

—Sí, un peñazo, por culpa del ordenador nos perdimos el baile.

Jan flipaba. Parecía que Cándida hubiera nacido en un pueblo de La Rioja. La tienda se iba llenando y las señoras, animadas, iban metiendo cuchara.

—Tus amigas se lo han pasado en grande.

Cándida enseñó los dientes en una sonrisa anchísima.

—Se han ido encantadas de la amabilidad de la gente. Se llevan un buen recuerdo.

—Sobre todo de los jóvenes.

—Es que aquí hay jóvenes muy listos y muy guapos, no es necesario ir a buscarlos a Dublín ni a Madrid.

Me han dicho que el próximo año volverán.

—Claro, las fiestas y el vino gustan a todos. Serán bienvenidas.

Cándida tomó buena nota. Sus amigas habían sido absueltas y eso, cuando menos, la tranquilizaba. Le permitía salir a la calle con la cabeza bien alta y no tener que esconderse en las esquinas oscuras.

En casa, entre beso y achuchón, prepararon juntos los panecillos del desayuno y Cándida, inspirada, se atrevió a hacer tortillas a la francesa.

Se sentía orgullosa y despertó a sus hermanos.

—Arriba, dormilones, el desayuno está en la mesa.

—¡Estupendo! ¡Qué tortillas más ricas!

Cándida engordó dos kilos, se sentía importante, y puso a su abuela al corriente de los chismorreos del pueblo.

—Tere ha sufrido un ataque de hígado, Queta se ha cambiado el color del pelo y no le favorece nada, y la pobre Irene está a punto de divorciarse, pero será lo mejor para ella. Ese tío, por lo que he oído, es un cafre.

—Me lo temía —dijo la abuela sin especificar cuál de las tres cosas se temía.

Cándida entendió que la curiosidad y el conocimiento ajeno tenían mucho de psicología intuitiva. Le gustaba vivir en un pueblo.

Jan se despidió diciendo.

—De aquí a dos horas te paso a buscar para ir a la piscina.

1 un **peñazo** *Esp coloq* nervige Sache od. Person – 5 **meter cuchara** *loc* seinen Senf dazugeben – 20 un **achuchón** heftige Umarmung – 24 un **dormilón** Schlafmütze – 27 un **chismorreo** Geklatsche – 31 un **cafre** Rohling, Barbar

La llegada a la piscina no fue tan fácil como lo había sido su entrada en la panadería. Estaba en falso, pisaba territorio minado.

Se escondía como una cobarde detrás de Jan y evitaba mirar hacia la cancha de baloncesto para no chocar con los ojos llenos de odio de Malvasía y María. No quería tener pesadillas por las noches.

—¡Cándida, niña! —Las amigas de su abuela la reclamaban.

Dijo a Jan que ella tenía que saludar y charlar un rato. Se sentó en una silla en medio de todas y les explicó con todo detalle la vida y milagros de cada una de sus amigas, el origen y propiedades de cada una de sus familias, las notas de cada uno de sus hermanos y primos y el currículo personal de cada uno de sus padres.

Al cabo de diez minutos ya había corrido como la pólvora. La madre de Marcos le salió al encuentro ligeramente excitada.

—Cándida, Cándida, bonita, que he oído que tu amiga, la chica aquella que viste tan modernilla, ¿Cuqui se llama?

—Cuca.

—Eso, Cuca Según, que va y resulta que es hija del doctor Según.

—Sí, el otorrino.

—Qué pena que se haya marchado. La habría invitado a comer con nosotros. Marcos y ella se han hecho muy amigos.

—Muy amigos, sí.

Cándida y todas las señoras de su alrededor tradujeron el vocablo "hacerse muy amigos" a toda velocidad y cada una interpretó a su manera el nivel de amistad que habían alcanzado Cuca y Marcos. Las variaciones fueron infinitas.

—¿Y si la invitamos a pasar unos días? ¿Aceptará? O quizás le parece un pueblo pequeño y aburrido.

Cándida rio por adentro.

—Creo que ahora le gustan los pueblos pequeños y aburridos.

Y la madre de Marcos, satisfecha, volvió con el grupo de madres pijas que ocupaban el margen derecho de la piscina. Antes de dar dos pasos, el grupo de Alicia asaltó a Cándida.

—¿Vienes a jugar a tiburones y sirenas?

Antes devorada por un tiburón que por Malvasía. Aceptó a ojos cerrados y se entretuvo todo el tiempo que pudo para

6 una **pesadilla** Albtraum – 22 un **otorrino(laringólogo)** HNO-Arzt – 38 un **tiburón** Haifisch – 39 **devorar** verschlingen

dilatar al máximo el temido encuentro. Los Gustavos, desde lo alto del trampolín, la invitaron a subir a gritos.

—¡Cándida!

—¡Ven!

—Anda, que no te lo vas a creer.

Cualquier excusa era lo bastante buena. Así pues, subió y, ante su asombro, Gustavo 1 y Gustavo 2 —también llamado Miki— se lanzaron al unísono. No fue una zambullida estilística ni digna. Muertos de miedo, pero se tiraron.

Cándida aplaudió de todo corazón. Lo valía. Llevaban tres semanas meditando y bien se merecían un reconocimiento a su valor.

Puesto que le daba pereza bajar de nuevo por las escaleras optó por tirarse desde lo alto y una vez sacó la cabeza dentro del agua tropezó con los ojos de Malvasía. Estuvo a punto de volver a zambullirse, pero enseguida se dio cuenta de que no la miraba a ella. Miraba encantada a Pepe que, desde lo alto del trampolín, le tiraba un beso y caía con los brazos abiertos espectacularmente, en un ángel casi perfecto.

Cándida creyó que lo había visto mal por culpa del cloro, pero no. Pepe abrazó de pronto a Malvasía y la arrastró bajo las aguas como un kraken enamorado.

—Increíble. Pepe y Malvasía se han liado por fin —le comunicó una Abril sonriente.

—Ya era hora —comentó escéptica Carmen la muda.

—Gracias a tu amiga. —Le guiñó el ojo Abril.

Cándida no podía digerirlo todo de golpe porque jugando a baloncesto, en sus mismas narices, estaba la parejita más azucarada del mundo. Lucas enseñando a María a encestar un triple.

—¿Hay un virus? —preguntó Jan.

—Sí, los hemos contagiado y todos están enfermos.

—Enfermos de amor.

Quizás sí que era una plaga, pero le quedaba poco tiempo para disfrutar de su enfermedad.

Al mediodía, su madre llamó para dar la buenísima noticia.

—Os pasamos a buscar mañana.

—¿Cómo? ¿Mañana? ¿Ya?

—Pues claro, tu padre y yo empezamos las vacaciones.

—Pues iros de vacaciones solos. Como cuando erais jóvenes.

—Cándida, hemos alquilado un apartamento en la playa tal y como querías.

—¿Yo? ¿Yo quería un apartamento en la playa? ¿Cuándo te he dicho yo eso?

—Diez veces al día. Os pasamos a buscar mañana por la noche. Id haciendo las maletas.

—No, no puedes hacerme esto, es una injusticia, una aberración una...

—¡Calla, Cándida, calla!

Su abuela la miró compasiva.

—Abuela, los tienes que convencer. Yo no puedo ir con ellos, ahora no, es imposible. Mi vida ha cambiado y... me quiero quedar aquí.

—Cándida, no puede ser.

Su abuela bien se merecía saber la verdad.

—Jan y yo somos novios.

—Pues felicidades. Me alegro.

—¿Te alegras y basta?

—¿Qué más quieres que haga?

—Entender que yo no puedo ir.

—¡Pero si él se va! ¿No te lo ha dicho?

—¿El qué?

—Se va a estudiar el bachillerato a los Estados Unidos.

Cándida tragó saliva y palideció.

—¿Cómo?

—Lo has oído perfectamente, toma el avión este viernes. Allá el curso empieza antes.

Cándida sintió un cataclismo bajo sus pies. El pueblo se tambaleaba, la casa se derrumbaba y su corazón se desmenuzaba como un *muffin*.

Ahora entendía muchas cosas. Entendía que Jan se resistiera con uñas y dientes a liarse, entendía que no quisiera hablar del día siguiente, entendía que a veces la mirara a los ojos y le dijera: «Quiero recordarte como ahora».

Y lloró con la cabeza sobre el hombro de su abuela.

—Ea, venga, no llores. Ha sido bonito, un amor de verano —la consoló meciéndola como a una niña.

—¿Por qué no me lo ha dicho? ¿Por qué?

—Por la misma razón por la que tú tampoco le has dicho que tus padres pasarían a recogerte cualquier día.

Cándida lloriqueó.

Su abuela le secó las lágrimas.

6 una **aberración** Verirrung, Abirrung – 26 un **cataclismo** Umsturz, Katastrophe – 27 **derrumbarse** einstürzen – 28 **desmenuzar** zerbröckeln – 35 **mecer** wiegen

—Ha sido bonito, no lo estropees. Ten un recuerdo amable de estos días. Piensa que has vivido un *summer love.*

Cándida repitió.

—Un *summer love.* —Sonaba bien.

—Un *summer love* es como una burbuja de jabón. Flota, vuela, es brillante, alegre y juguetona.

—Pero estalla.

—Todavía no ha estallado. Te queda un día. *Carpe diem.*

Su abuela tenía toda la razón. Cándida se puso de pie, se secó las lágrimas y decidió que el presente no tenía nada que ver con el futuro.

Estaba viva, era joven y estaba enamorada.

Hoy era todavía hoy y HOY la vida valía la pena.

Tenía un *summer love.*

5 una **burbuja** (Luft)blase – 5 el **jabón** Seife

Maite Carranza

La autora y su obra

Se licenció en Antropología y ejerció como profesora de Literatura y guionista de televisión. Su obra literaria juvenil, transgresora y comprometida, ha sido merecedora de numerosos premios, entre ellos el Premio de la Crítica en tres ocasiones: 1986, 2010 y 2017, el Premio Nacional de Literatura Juvenil 2011 o el Premio Cervantes Chico 2014. Sus novelas más conocidas son la trilogía fantástica de *La guerra de las brujas*, traducida a más de treinta lenguas, el premiado thriller *Palabras envenenadas* y la más reciente novela histórica *Una bala para el recuerdo.*

Abreviaturas y símbolos

adj	=	adjetivo
adv	=	adverbio
aquí:	=	señala un significado específico de la palabra en el contexto
aum	=	aumentativo
coloq	=	coloquial
cul	=	cultismo (bildungssprachlich)
dim	=	diminutivo
Esp	=	peninsularismo, término o expresión del español de la Península Ibérica
etc	=	etcétera
etw	=	etwas
f	=	femenino
fam	=	lenguaje familiar
fig	=	lenguaje figurativo
INF	=	infinitivo
interj	=	interjección
irón	=	irónico
jmd	=	jemand
lat	=	latín
lit	=	literario
loc	=	locución, giro idiomático
m	=	masculino
PART	=	participio
p ej	=	por ejemplo
pl	=	plural
s	=	singular
Schrift	=	*Schriftsprache*
SUBJ	=	subjuntivo
sup	=	superlativo
uc	=	una cosa, algo
up	=	una persona, alguien
vulg	=	expresión vulgar
≠	=	contrario de
→	=	remite a una palabra ya conocida